WAS IST LERNEN AN STATIONEN?

Beim Lernen an Stationen handelt es sich um eine Form selbstständigen Arbeitens, bei der

☐ unterschiedliche Lernvoraussetzungen,
☐ unterschiedliche Zugänge und Betrachtungsweisen,
☐ unterschiedliches Lern- und Arbeitstempo
☐ und häufig fächerübergreifendes Arbeiten

berücksichtigt werden.

Grundidee

Den Schülerinnen und Schülern werden Arbeitsstationen zur individuellen Bearbeitung angeboten, an welchen sie selbstständig, in beliebiger Abfolge und meist auch in frei gewählter Sozialform entsprechend ihren Möglichkeiten und Fähigkeiten arbeiten. Damit soll ihnen optimales Lernen und Üben ermöglicht werden.

Herkunft und Entwicklung

Die Idee des Lernens an Stationen, auch Lernzirkel genannt, kommt ursprünglich aus dem Sportbereich. Das „circuit training", von Morgan und Adamson 1952 in England entwickelt, stellt den Sportlern unterschiedliche Übungsstationen zur Verfügung, die sie der Reihe nach oder in freier Auswahl durchlaufen.

Eine Übertragung dieser Lernform auf Unterrichtsinhalte in verschiedenen Fächern wurde zunächst an der Schallenbergschule in Aidlingen/Baden-Württemberg, später am Seminar für schulpraktische Ausbildung in Sindelfingen und seit etwa 1980 an vielen Schulen aufgegriffen und stetig weiterentwickelt.

Der Herausgeber und die Autoren stellen die Ergebnisse ihrer eigenen praktischen Arbeit und Erfahrung in dieser Reihe vor und bieten ihre Materialien als Grundlage für den direkten Einsatz oder als Grundlage für eine Anpassung an eigene Bedürfnisse an.

Zielrichtungen

Das Lernen an Stationen kann unterschiedliche Ziele verfolgen:

☐ optimales Üben ermöglichen durch ein breites Angebot, das die verschiedenen Lerneingangskanäle, allgemeine Übungsgesetze, unterschiedliche Aufgabenarten, Schwierigkeiten und Hilfestellungen berücksichtigt,

☐ vertiefendes Bearbeiten eines Inhalts beziehungsweise eines Themengebietes, indem Schülerinnen und Schüler nach zuvor gestalteter Übersicht oder Einführung die Inhalte auf ihre Art, mit ihren Möglichkeiten und in ihrem individuellen Tempo auf unterschiedlichen Ebenen selbstständig bearbeiten,

☐ selbstständiges Erarbeiten von Themengebieten, indem die Schülerinnen und Schüler durch angemessene Arbeitsangebote Sachverhalte hinterfragen, erforschen, erfahren, gestalten usw.,

☐ Angebote aus Schulbüchern oder Medien unter ganzheitlicher Betrachtungsweise aufarbeiten, indem die Schülerinnen und Schüler Aufgabenstellungen zu Teilgebieten mit unterschiedlicher Betrachtungsweise und auf unterschiedlichen Ebenen fächerübergreifend bearbeiten.

Organisation

Die einzelnen Arbeitsaufträge geben den Schülerinnen und Schülern klare oder offene Aufgabenstellungen mit eindeutigen Anweisungen. Die Angebote werden im Klassenzimmer zur Verfügung gestellt, indem der Arbeitsauftrag durch Aushängen oder Auslegen bereitgestellt wird. Dazu bietet sich zum Schutz das Verpacken in Prospekthüllen an.

Als Ort zum Aushängen eignen sich alle Wand- und zum Teil auch die Fensterflächen. Pinn-Nadeln oder Nägel (Nagelleisten) erleichtern das Aufhängen und Abnehmen. Beim Auslegen der Arbeitsangebote bzw. -aufträge helfen Ablagekörbe, Ordnung zu halten.

Das Bereitstellen außerhalb der Schülerarbeitstische (also auf Fensterbänken, Nebentischen oder durch Aufhängen) erübrigt das tägliche Aufbauen und Wiederabräumen, stellt also eine große zeitliche und organisatorische Erleichterung dar. Falls im „Fachlehrerbetrieb" der ständige Abbau nötig ist, sind ineinander stapelbare Ablagekörbe, in denen die Aufträge verbleiben, sehr hilfreich.

Die Kennzeichnung der einzelnen Stationen durch Ziffern, Buchstaben oder Symbole hilft den Schülerinnen und Schülern bei der Orientierung. Durch bewusste Verwendung dieser Ordnungsangebote kann die Struktur des Themengebietes oder eine andere Struktur (z. B. Arbeitsform o. Ä.) gleichzeitig verdeutlicht werden.

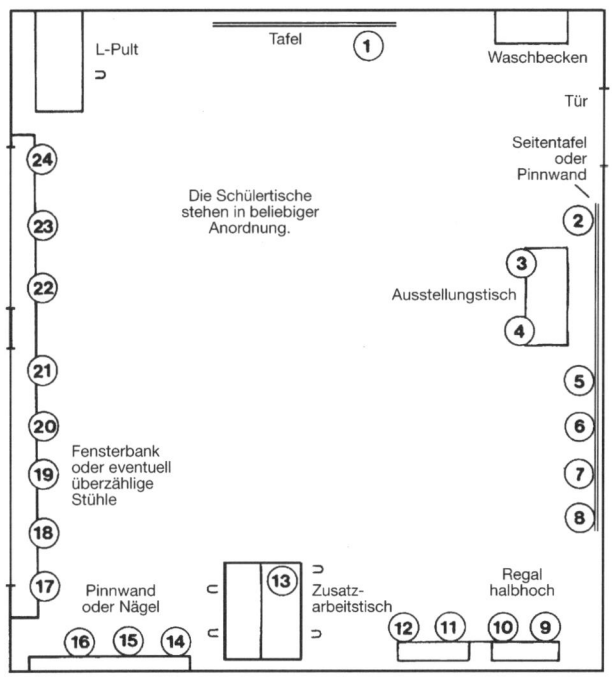

Eine Fortschrittsliste bzw. ein Laufzettel gibt Schülerinnen und Schülern wie den Lehrkräften jederzeit eine Rückmeldung über den derzeitigen Bearbeitungsstand und dient der Übersicht.

Auswahlangebote

Den Schülerinnen und Schülern ist sinnvollerweise ein Auswahlangebot zu ermöglichen; Minimalanforderungen können von der Lehrerin oder dem Lehrer definiert werden. Als Orientierungshilfe finden Sie dazu in den Hinweisen zu diesem Themenheft weitere Angaben.

Sonstige Tipps

Organisatorische Bedingungen und Festlegungen sind möglichst an der konkreten Situation und erst beim tatsächlichen Bedarf zu klären und zu regeln. Ist die Klassenstärke größer als die Anzahl der zur Verfügung stehenden Arbeitsstationen, können Sie die einzelnen Arbeitsaufträge mehrfach anfertigen. Weitere Hinweise zur Organisation, zu den Inhalten und zum Lernen an Stationen allgemein finden Sie im Einführungsband zu dieser Reihe, der unter dem Titel *Schülergerechtes Arbeiten in der Sekundarstufe I: Lernen an Stationen* im selben Verlag erschienen ist.

Roland Bauer
(Herausgeber)

ALLGEMEINE HINWEISE ZU DIESEM THEMENHEFT

Europa wächst zusammen, Mauern werden eingerissen, Brücken gebaut und eine neue Währung wurde geschaffen. Dieses Stationenheft soll Schülern das zusammenwachsende Europa näher bringen, topographische Kenntnisse vermitteln und geographische und kulturelle Zusammenhänge verdeutlichen.

Innerhalb des Zirkels werden geographische Grundfertigkeiten, wie z. B das Lesen und Anfertigen von Klimadiagrammen und die Atlasarbeit mit verschiedenen physischen und thematischen Karten, aufgegriffen und geübt. Handlungsorientiert erschließen sich die Schülerinnen und Schüler die Topographie Europas, die klimatischen Bedingungen der Großräume sowie einige geographische, landwirtschaftliche und wirtschaftliche Besonderheiten des europäischen Kontinents. Außerdem werden auch aktuelle politische und kulturelle Themen aufgegriffen. Die Stationen ermöglichen es den Schülerinnen und Schülern, eigenes Vorwissen einzubringen (Sprachen, Ländersteckbrief ...) und die kulturelle Vielfalt innerhalb der Klasse und in Europa kennen, schätzen und respektieren zu lernen. Spielerische Formen motivieren, sich selbst mit den Lernmaterialien auseinander zu setzen, und regen in unterschiedlichen Sozialformen zum selbstständigen Handeln an.

Die einzelnen Lernstationen haben wir bewusst nicht mit Stationsnummern versehen, da sie variabel und den jeweiligen Bedürfnissen entsprechend ausgewählt und eingesetzt werden können. Aus diesem Grunde ist kein Laufzettel beigefügt. Dieser lässt sich jedoch schnell selbst, z. B. mit einer Europakarte oder den Europa-Sternen, herstellen.

An einigen Stationen sollten Lösungsblätter zur Selbstkontrolle vorhanden sein. Diese können entweder verdeckt an der jeweiligen Station liegen oder aber für alle Stationen gesammelt an einem vorher vereinbarten Ort aufbewahrt werden, z. B. auf dem Tisch der Lehrkraft oder an einer Pinnwand. Die Lösungsblätter erstellen Sie selbst, indem Sie das jeweilige Arbeitsblatt kopieren und richtig ausfüllen. Das Stationenangebot ist als Übungszirkel konzipiert.

Es ist daher sinnvoll, einen begleitenden Klassenunterricht zu bestimmten Themenbereichen zu halten und das Thema Europa gemeinsam einzuführen. Ideen, Vorschläge und Interessen der Schülerinnen und Schüler sollten hierbei möglichst berücksichtigt werden.

Es hat sich bewährt, das Thema „Europa" in Klassenraum und Unterricht begleitend zu den Stationen möglichst vielseitig zu präsentieren, z. B. durch Flaggen, die als Girlande aufgehängt werden, durch Berichte und Erzählungen der Schülerinnen und Schüler sowie durch Bilder, Collagen, Postkarten, Briefmarken und andere Mitbringsel.

MATERIALLISTE UND ANMERKUNGEN ZU DEN EINZELNEN STATIONEN

NATÜRLICHE GRENZEN EUROPAS

- Pause die Karte von unten mit dem vorbereiteten Papier ab (auch die Kästchen).
- Male jetzt deine Karte so an: Land: gelb, Wasser: blau, Gebirge: braun.
- Lies dir den Text genau durch und trage die Namen in die richtigen Kästchen ein!
- Zeichne dann auf deiner Karte die Grenzen Europas rot ein (Atlas als Hilfe).

> **!** Unser Heimatkontinent Europa liegt auf der Nordhalbkugel. Im Westen, Norden und Süden bilden Meere
> seine natürlichen Grenzen. Die Ostgrenze ist dagegen nicht so leicht zu finden, da hier zwei Kontinente,
> **●** Europa und Asien, die auf einer Landmasse liegen, aneinander grenzen.
> Im Westen bildet der **Atlantische Ozean** die natürliche Grenze. Im Norden bildet das **Europäische Nordmeer**
> die Grenze. Im Süden bildet das **Mittelmeer** die Grenze.
> Als Ostgrenzen wurden das **Uralgebirge** und der **Uralfluss** bis zum **Kaspischen Meer** festgelegt.
> Von dort verläuft die Grenze zu Asien am Nordrand des **Kaukasus** bis zum **Schwarzen Meer**.

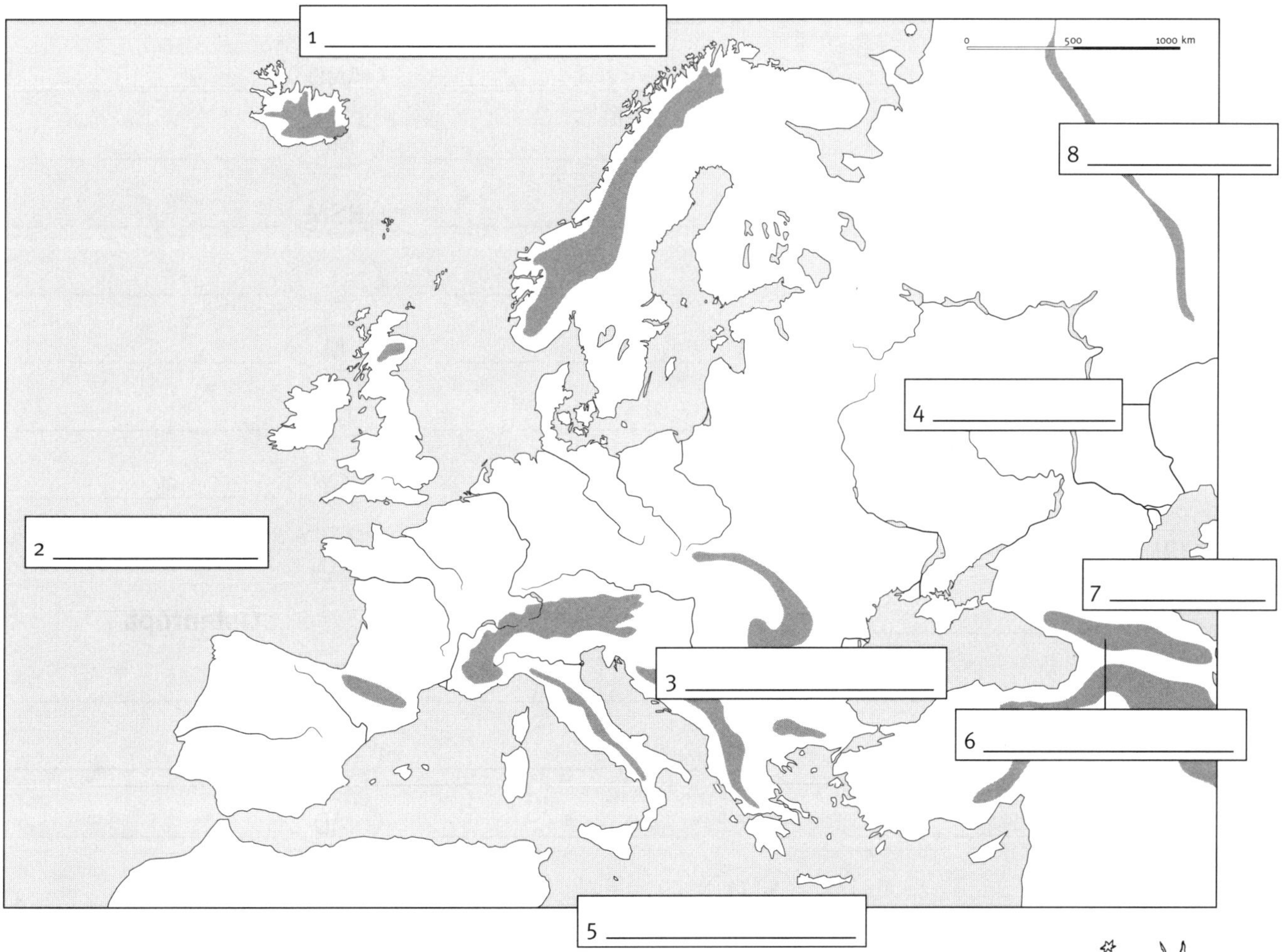

1 _____

8 _____

4 _____

2 _____

7 _____

3 _____

6 _____

5 _____

0   500   1000 km

DIE GROSSRÄUME EUROPAS – 1

> **!** Europa ist ein vielgestaltiger Kontinent. Damit man sich besser zurechtfindet, wird Europa oft in sechs Großräume eingeteilt. Diese Einteilung wird nicht immer auf die gleiche Weise vorgenommen; sie ist nicht
> **●** festgeschrieben wie etwa Ländergrenzen. So wird Ungarn zum Beispiel manchmal zu Mitteleuropa und manchmal zu Südosteuropa gezählt.
> Europa besteht aus 44 unabhängigen Staaten. Mit dem Vatikanstaat sind es sogar 45.

■ Finde mit einer Europa-Karte heraus, wie die einzelnen Länder der sechs Großräume heißen, und trage sie hier ein. Die Autokennzeichen helfen dir dabei.

Nordeuropa

IS _____

N _____

S _____

FIN _____

EW _____

LV _____

LT _____

DK _____

Westeuropa

IRL _____

GB _____

F _____

L _____

B _____

NL _____

Mitteleuropa

CZ _____

PL _____

SK _____

H _____

A _____

FL _____

CH _____

D _____

Südosteuropa

RO _____

BG _____

MK _____

YU _____

HR _____

SLO _____

BIH _____

AL _____

Südeuropa

P _____

E _____

AND _____

MC _____

RSM _____

I _____

M _____

GR _____

CY _____

TR _____

Osteuropa

RUS _____

UA _____

MD _____

BY _____

DIE GROSSRÄUME EUROPAS – 2

▓ Färbe die sechs Großräume mit unterschiedlichen Farben ein. Trage die Farben entsprechend in das Kästchen unten rechts ein. Die Liste mit den Autokennzeichen auf dem ersten Blatt hilft dir dabei.

Teilräume (Regionen) Europas	
Nordeuropa	Westeuropa
Mitteleuropa	Südeuropa
Osteuropa	Südosteuropa

0   500   1000 km

▓ Schreibe die richtigen Autokennzeichen zu den jeweiligen Ländern in die Karte.

EUROPA ENTDECKEN

DIE EUROPAKARTE VERÄNDERT SICH

> **!** Die Landkarte von Europa sah nicht immer so aus wie heute. Das siehst du z. B. auf Karten, die Europa vor 300 oder 100 Jahren zeigen. Manchmal entstehen aus einem großen Staat viele kleine, manchmal schließen sich aber auch mehrere kleine zu einem großen Staat zusammen. So wurden z. B. die Deutsche Demokratische Republik (DDR) und die Bundesrepublik Deutschland (BRD) 1990 zu einem deutschen Staat. In den Jahren nach 1989 hat sich Europa im Osten und Südosten stark verändert. Dort wollten die Regionen einiger Länder wieder selbstständig werden und eine eigene Regierung wählen. Oft waren das Regionen mit einer eigenen Sprache oder Religion. Solche Veränderungen laufen nicht immer friedlich ab. Oft gibt es heftige Auseinandersetzungen und manchmal auch Krieg.

Europa nach dem Zweiten Weltkrieg

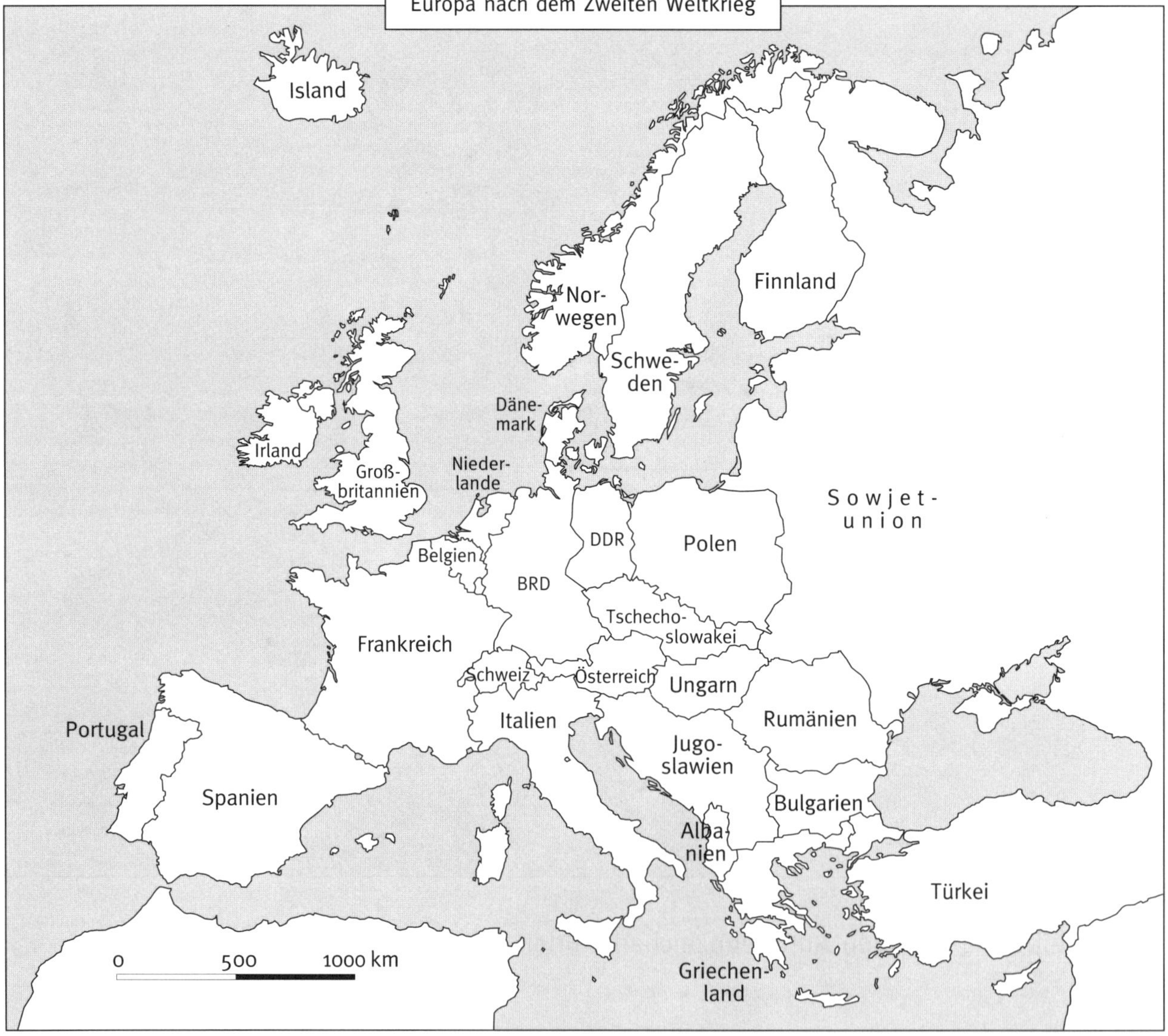

Island

Norwegen

Finnland

Schweden

Dänemark

Irland

Groß-britannien

Niederlande

DDR

Polen

Sowjet-union

Belgien

BRD

Tschecho-slowakei

Frankreich

Schweiz

Österreich

Ungarn

Rumänien

Portugal

Italien

Jugo-slawien

Bulgarien

Spanien

Alba-nien

Türkei

Griechen-land

0   500   1000 km

■ Nimm dir das Arbeitsblatt und bearbeite die Aufgaben.

DIE EUROPAKARTE VERÄNDERT SICH – ARBEITSBLATT

■ Sieh dir diese Karte von Europa genau an und vergleiche sie mit der Karte „Europa nach dem Zweiten Weltkrieg" oder einer entsprechenden Karte in deinem Atlas.

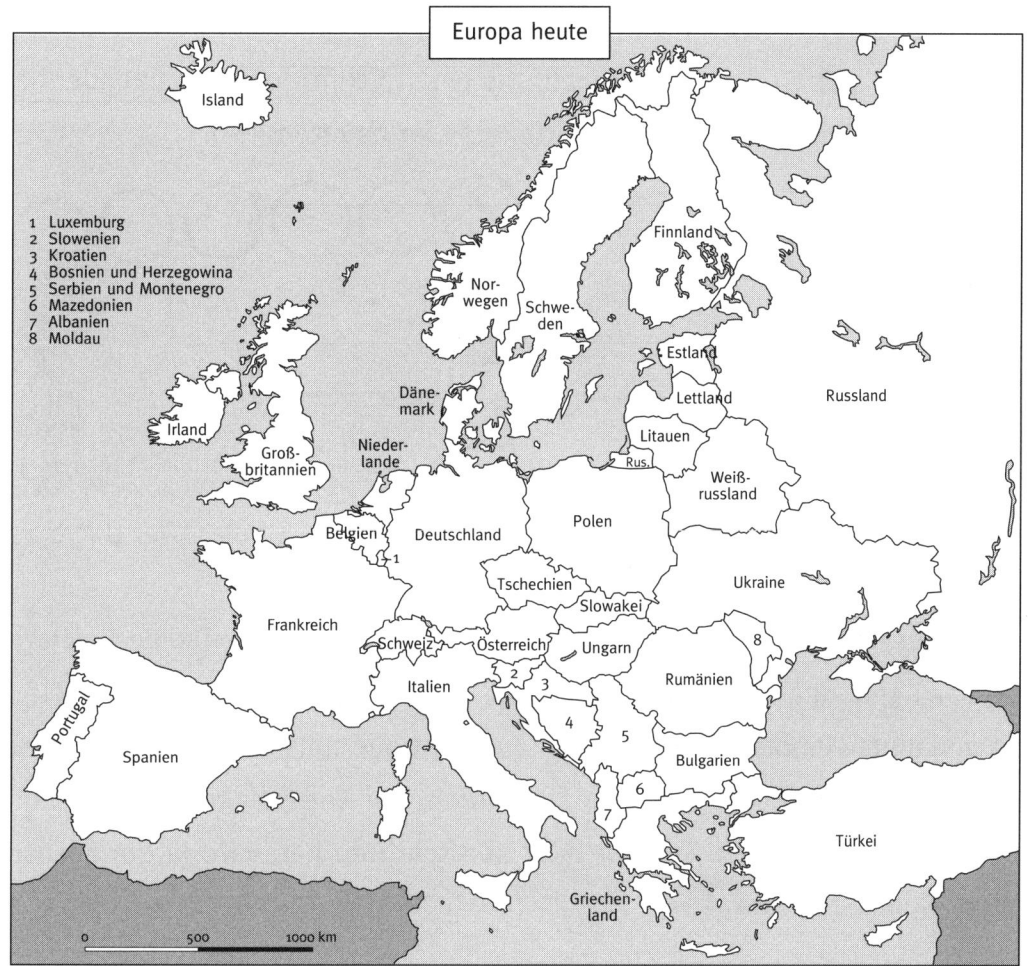

Europa heute

1 Luxemburg
2 Slowenien
3 Kroatien
4 Bosnien und Herzegowina
5 Serbien und Montenegro
6 Mazedonien
7 Albanien
8 Moldau

■ Fülle den folgenden Lückentext richtig aus und vergleiche ihn mit dem Kontrollblatt.

Im Osten Europas ist die Sowjetunion nach 1991 in 15 neue Länder zerfallen. Von diesen

15 neuen Ländern gehören sechs zu Europa. Das sind die drei baltischen Republiken

Litauen, Lettland und Estland sowie _____ ᴬ, _____ ᴮ,

und _____ ᶜ. In Südosteuropa zerfiel Jugoslawien in fünf Teile:

Slowenien ᴰ, _____ ᴱ, _____ ᶠ, _____ ᴳ

und _____ ᴴ. Die Tschechische Republik und die Slowakei gehörten bis

1993 zusammen. Damals hieß das Land _____ ᴵ. In Mitteleuropa

haben sich 1990 die beiden deutschen Staaten _____

_____ ᴶ und _____ ᴷ vereinigt.

HAUPTSTADTHÜPFEN Spiel für 3 Spieler

Spielanleitung

■ Zeichnet mit Kreide auf eurem Pausenhof 17 Spielfelder in einem Halbkreis oder in einer geraden Linie auf. Das mittlere Feld soll besonders deutlich erkennbar sein. Die einzelnen Felder dürfen dabei nicht mehr als einen Schritt weit auseinander sein. Das Zielfeld liegt bei diesem Spiel in der Mitte, also im neunten Feld.

■ Nun stellt sich an die beiden äußersten Felder jeweils ein Spieler. Der dritte Spieler ist der Spielleiter. Er erhält dieses Blatt und stellt die Aufgaben.

■ Der Spielleiter nennt jetzt aus der Liste einen Ländernamen. Derjenige Spieler, der zuerst die dazu gehörige Hauptstadt nennt, darf weiterhüpfen, und zwar so viele Felder, wie die genannte Hauptstadt Silben hat. Zur Kontrolle muss er die Silben mitsprechen. Bei Paris darf zwei Felder weiter gehüpft werden, bei Kopenhagen vier Felder.

■ Wer zuerst das mittlere Feld erreicht oder überschritten hat, wird in der nächsten Runde der Spielleiter.

Albanien	Tirana	**Großbritannien**	London	**Mazedonien**	Skopje	**Schweden**	Stockholm
Andorra	Andorra	**Irland**	Dublin	**Moldau**	Chisinau	**Schweiz**	Bern
Belgien	Brüssel	**Island**	Reykjavik	**Monaco**	Monaco	**Slowakei**	Bratislava
Bosnien-Herzegowina	Sarajevo	**Italien**	Rom	**Niederlande**	Amsterdam	**Slowenien**	Ljubljana
Bulgarien	Sofia	**Serbien und Montenegro**	Belgrad	**Norwegen**	Oslo	**Spanien**	Madrid
Dänemark	Kopenhagen	**Kroatien**	Zagreb	**Österreich**	Wien	**Tschechien**	Prag
Deutschland	Berlin	**Lettland**	Riga	**Polen**	Warschau	**Türkei**	Ankara
Estland	Tallinn	**Liechtenstein**	Vaduz	**Portugal**	Lissabon	**Ukraine**	Kiew
Finnland	Helsinki	**Litauen**	Vilnius	**Rumänien**	Bukarest	**Ungarn**	Budapest
Frankreich	Paris	**Luxemburg**	Luxemburg	**Russland**	Moskau	**Weißrussland**	Minsk
Griechenland	Athen	**Malta**	Valletta	**San Marino**	San Marino	**Zypern**	Nikosia

STÄDTE-DOMINO Spiel für 2–3 Spieler

Spielanleitung

■ Mischt die Kärtchen gut durch. Jeder Spieler bekommt 2 Karten. Die restlichen Karten liegen verdeckt auf einem Stapel in der Mitte. Die oberste Karte des Stapels wird aufgedeckt. Angelegt werden darf an beide Seiten.

Ein Spieler beginnt. Passt eine oder mehrere seiner Karten zu der Startkarte, so darf er diese gleich richtig anlegen. Passt keine Karte, so muss er eine neue Karte vom Stapel ziehen.

■ Gewonnen hat, wer als Erster keine Karten mehr hat.

London (GB)	Akropolis	Athen (GR)	Kleine Meerjungfrau	Kopenhagen (DK)	Brandenburger Tor
Berlin (D)	Eiffelturm	Paris (F)	Kolosseum	Rom (I)	Atomium
Brüssel (B)	Blaue Moschee	Istanbul (TR)	Grachten	Amsterdam (NL)	Karlsbrücke
Prag (CZ)	Kreml	Moskau (RUS)	Stephansdom	Wien (A)	Alhambra
Granada (E)	Tower Bridge				

EUROPA-QUARTETT Spiel für 3–4 Spieler

Spielanleitung

- In diesem Spiel gibt es zu jedem europäischen Land ein Quartett mit vier Karten: je eine Karte für seinen Namen, seine Flagge, sein Autokennzeichen und seine Hauptstadt.
- Ziel des Spiels ist es, Quartette zu sammeln und diese dann abzulegen.
- Dazu werden die Karten gemischt und gleichmäßig an die Spieler verteilt.
  Alle, die gleich zu Beginn ein vollständiges Quartett auf der Hand haben, legen es ab. Die anderen Spieler kontrollieren!
- Nun gibt der erste Spieler eine Karte, die er nicht brauchen kann, an seinen rechten Nachbarn ab. Dieser hat nun 9 Karten, von denen er ebenso eine auswählt und sie wiederum an seinen rechten Nebensitzer weiter gibt, usw.
- Sobald ein Spieler ein Quartett vollständig hat, legt er es ab.
- Gewonnen hat, wer als Erster zwei Quartette ablegen kann.

SPIELKARTEN EUROPA-QUARTETT

H	BUDAPEST		UNGARN
N	OSLO		NORWEGEN
GR	ATHEN		GRIECHEN-LAND
P	LISSABON		PORTUGAL
A	WIEN		ÖSTERREICH
D	BERLIN		DEUTSCH-LAND

SPIELKARTEN EUROPA-QUARTETT

CH	BERN	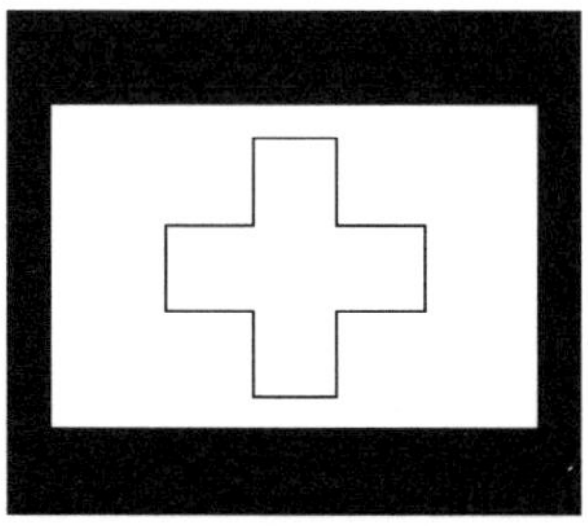	SCHWEIZ
NL	AMSTERDAM		NIEDER-LANDE
SF	HELSINKI	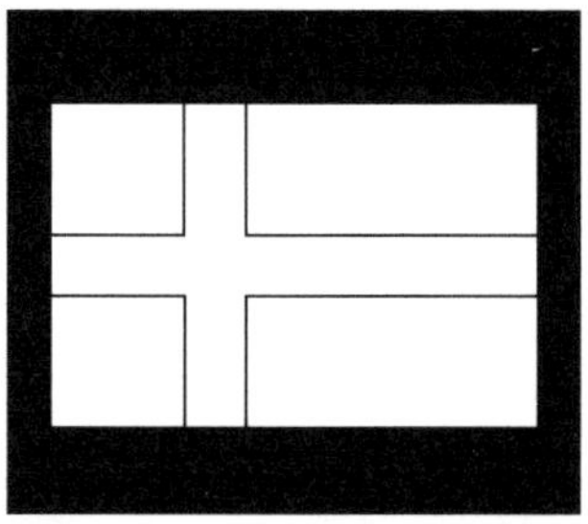	FINNLAND
DK	KOPENHAGEN	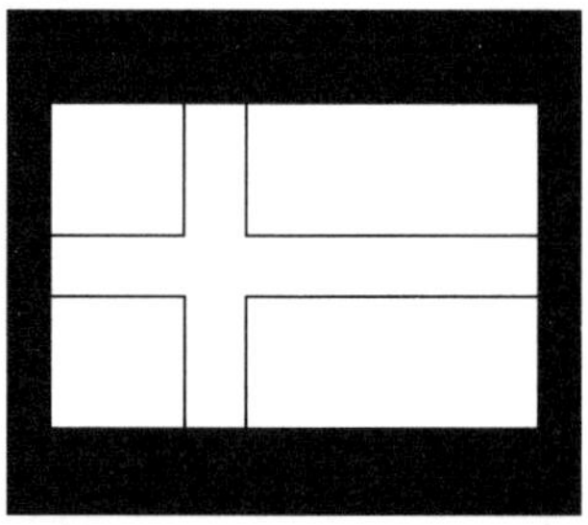	DÄNEMARK
E	MADRID	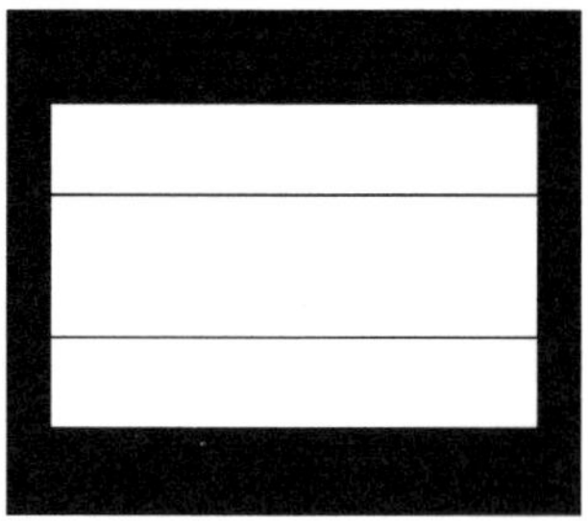	SPANIEN

SPIELKARTEN EUROPA-QUARTETT

PL	WARSCHAU		POLEN
S	STOCKHOLM	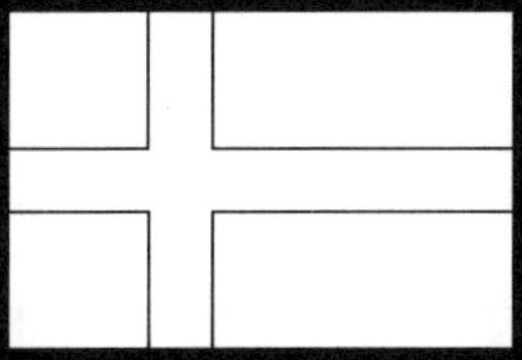	SCHWEDEN
GB	LONDON	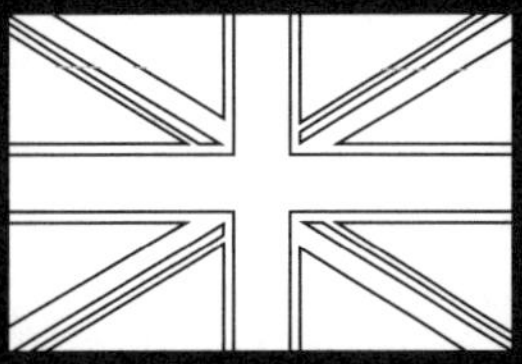	GROSS-BRITANNIEN
I	ROM	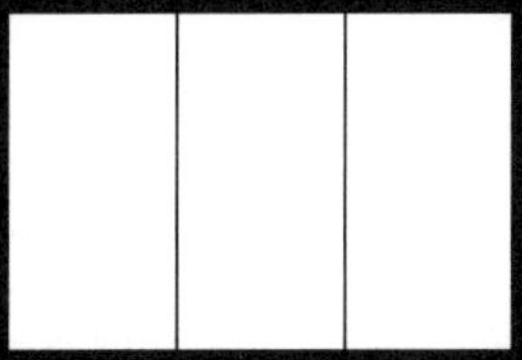	ITALIEN
F	PARIS	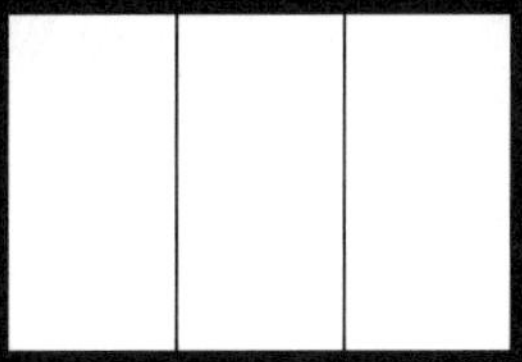	FRANKREICH

LÄNDERSTECKBRIEF

Material: Atlanten, Zeitschriften, Prospekte, Lexikon o.Ä., Kopiervorlage, Stift,
Butterbrotpapier

■ Suche dir ein europäisches Land aus, das dich interessiert oder zu dem du gerne mehr erfahren möchtest. Nimm dir eine Kopie des Ländersteckbriefs.

■ Pause die Umrisse des Landes mit Butterbrotpapier von einer Europakarte ab und klebe die Karte in den entsprechenden Kasten auf dem Steckbrief.

■ Jetzt fülle den Steckbrief Schritt für Schritt aus. Du findest alle gesuchten Informationen in den Informationsmaterialien und im Atlas. Male auch die Flagge richtig aus und trage das Autokennzeichen in den ovalen Kreis ein.

■ Wenn du Lust hast, versuche noch Fotos, Postkarten oder Briefmarken von diesem Land zu finden und klebe sie zu deinem Steckbrief oder auf ein eigenes Blatt.

LÄNDERSTECKBRIEF – ARBEITSBLATT

Steckbrief für _____ (Land)

Hauptstadt: _____

Einwohner: _____

Fläche: _____

Landessprache(n): _____

Nachbarländer: _____

_____

Große Flüsse, Seen oder Meere: _____

_____

Große Städte: _____

_____

Große Berge: _____

_____

Berühmte Personen (Sportler, Maler, Schauspieler, Politiker, Märchenfiguren ...)

_____

_____

Bekannte Sportvereine: _____

_____

Das isst man dort: _____

_____

_____

Das kann man von diesem Land

bei uns kaufen: _____

_____

_____

_____

EUROPA ENTDECKEN

EUROPA-WÜRFELQUIZ Spiel für 3–4 Spieler

Material: sechs Briefumschläge o. Ä., Würfel, Fragekarten, Atlas

Spielanleitung

▣ Der jüngste Spieler beginnt zu würfeln.

▣ Ein Mitspieler zieht eine Karte aus dem Umschlag mit der entsprechenden Zahl und liest ihm die Frage vor.

▣ Zur Beantwortung der Frage nutzen die Spieler den Atlas oder andere Hilfsmittel. Hat der Spieler die Frage richtig beantwortet, bekommt er die Karte. Nach einer falschen Antwort wird die Karte in den Umschlag zurückgesteckt. Nun ist der nächste Spieler mit Würfeln an der Reihe.

▣ Sieger ist, wer am Ende die meisten Karten hat.

Wie heißt das höchste Gebirge in Europa? a) Kaukasus **b) Alpen** c) Karpaten	Wie heißt das Grenzgebirge zwischen Asien und Europa? a) Pyrenäen b) Skanden **c) Ural**	Wie heißt der längste Fluss Europas? a) Donau **b) Wolga** c) Rhein	Wie heißt der höchste Berg Deutschlands? a) der Brocken **b) die Zugspitze** c) das Nebelhorn
Welches ist der höchste Berg Europas? a) Zugspitze **b) Mont Blanc** c) Matterhorn	Wie hoch ist die Zugspitze? **a) 2964 m** b) 3512 m c) 4014 m	Wie hoch ist der Mont Blanc? a) 3912 m **b) 4807 m** c) 5021 m	Welche Stadt hat den größten Hafen Europas? **a) Rotterdam** b) Hamburg c) Oslo

EUROPA-WÜRFELQUIZ

Welches ist das größte Land Europas? a) Italien b) Schweden **c) Russland**	In welcher Region Spaniens liegt Barcelona? a) Baskenland b) Galizien **c) Katalonien**

Welches ist das größte Land Europas?
a) Italien
b) Schweden
c) Russland

In welcher Region Spaniens liegt Barcelona?
a) Baskenland
b) Galizien
c) Katalonien

In welchem Land Europas liegen die höchsten Berge?
a) Schweiz
b) Österreich
c) Rumänien

Wie heißt die nördlichste Großstadt Europas?
a) Murmansk
b) Reykjavik
c) Helsinki

Wie heißt die nördlichste Hauptstadt Europas?
a) Reykjavik
b) Warschau
c) Moskau

Wie heißt die südlichste Hauptstadt Europas?
a) Nikosia
b) Ankara
c) Rom

Welches ist das westlichste europäische Land?
a) Frankreich
b) Island
c) Niederlande

Welche europäische Hauptstadt liegt an dem Fluss Vardar?
a) Madrid
b) Skopje
c) Bukarest

Wie nennt man das Mittelmeer an der Ostküste Italiens?
a) Ägäis
b) Ligurisches Meer
c) Adria

Welches dieser drei Länder grenzt nicht an Polen?
a) Russland
b) Ungarn
c) Ukraine

Zu welchem Land gehört die Halbinsel Istrien?
a) Kroatien
b) Spanien
c) Italien

Welches Land liegt nicht an der Nordsee?
a) Dänemark
b) Deutschland
c) Lettland

Welches europäische Land hat die Form eines Stiefels?
a) Großbritannien
b) Italien
c) Dänemark

Welche Meeresstraße trennt Europa von Afrika?
a) Ärmelkanal
b) Straße von Gibraltar
c) der Bosporus

Welche Meerenge trennt Asien von Europa?
a) der Bosporus
b) Ärmelkanal
c) Straße von Gibraltar

In wie vielen europäischen Ländern gibt es den Euro?
a) zwölf
b) neun
c) elf

In welches Meer fließt der Rhein?
a) Mittelmeer
b) Nordsee
c) Schwarzes Meer

In welchem Land ist die Quelle der Donau?
a) Österreich
b) Belgien
c) Deutschland

In welchem Land Europas bezahlt man mit dem Pfund?
a) Großbritannien
b) Finnland
c) Bulgarien

An welchem Meer liegt die Stadt Danzig?
a) Nordsee
b) Ostsee
c) Europäisches Nordmeer

EUROPA-WÜRFELQUIZ

In welchem Land liegen die Apenninen? a) Frankreich **b) Italien** c) Schweiz	Welches Land liegt am nächsten an Island? **a) Dänemark (Faröer!)** b) Großbritannien c) Norwegen	Zu welchem Land gehört die Insel Korsika? a) Italien **b) Frankreich** c) zu keinem	Welcher russische Fluss mit drei Buchstaben fließt ins Schwarze Meer? **Don**
An welchem großen Fluss liegt Paris? **a) Seine** b) Loire c) Garonne	Zu welchem Land gehört die Inselgruppe der Balearen? a) Frankreich **b) Spanien** c) Italien	Welche vier Länder hat Mazedonien zum Nachbarn? **Bulgarien, Albanien, Griechenland, Serbien und Montenegro**	In welchem Land liegt die Stadt Linz? a) Deutschland b) Schweiz **c) Österreich**
In welchem Land liegt die Stadt Göteborg? a) Dänemark **b) Schweden** c) Norwegen	Wie heißt der kleine Staat, der zwischen Frankreich und Spanien liegt? a) Liechtenstein **b) Andorra** c) Luxemburg	Welcher dieser drei polnischen Flüsse mündet in die Ostsee? **a) Weichsel** b) Netze c) Narew	In welchem Land ist die Quelle der Elbe? a) Polen **b) Tschechische Republik** c) Deutschland
Welches Meer begrenzt Europa im Süden? **a) Mittelmeer** b) Schwarzes Meer c) Atlantik	Welche dieser Städte liegt nicht in Europa? a) Nishnij Nowgorod **b) Jerusalem** c) Tirana	In welchem Land liegt der nördlichste Punkt Europas (Nordkap)? a) Island **b) Norwegen** c) Finnland	In welchem Land liegt die Stadt Budapest? a) Bulgarien b) Rumänien **c) Ungarn**
Wie heißt die größte Insel des Mittelmeers? a) Mallorca b) Sardinien **c) Sizilien**	In welchem Land mündet die Donau ins Schwarze Meer? **a) Rumänien** b) Bulgarien c) Russland	Welches Gebirge trennt Spanien und Frankreich? a) Alpen **b) Pyrenäen** c) Balkan	Durch wie viele Länder fließt die Donau? a) drei b) fünf **c) sieben**

KLASSENWÖRTERBUCH

21

■ Kannst du außer Deutsch noch eine andere Sprache sprechen? Dann bist du bei unserem Klassenwörterplakat gefragt! Fülle auf dem Plakat die Spalten der Sprache aus, die du noch kannst.

Wenn du nur Deutsch kannst, suche dir Mitschülerinnen und Mitschüler in deiner Klasse oder auf dem Schulhof, die noch andere Sprachen können. Ganz sicher kannst du mit deren Hilfe manche Wörter in das Plakat eintragen.

■ Bastele dir jetzt ein eigenes kleines Hosentaschen-Wörterbuch. Schneide die Vorlage sauber aus und knicke sie an den senkrechten Linien wie eine Ziehharmonika.

Für die entsprechenden Einträge in die Spalten kannst du auf dem Klassenwörterplakat nachgucken oder deine Mitschüler befragen.

Dieses Wörterbuch passt in deinen Geldbeutel oder deine Hosentasche. Du kannst es aber auch in einer beklebten oder bemalten Streichholzschachtel aufbewahren.

(D)	(I)	(GB)	( )	( )
Hallo				
Tschüss	Ciao			
Wie heißt du?				
1 – 2 – 3				

( )	( )	( )

HOSEN-
TASCHEN-
WÖRTER-
BUCH

POST AUS DEM NORDEN

Hei, god dag!

Ich bin ein Troll aus Norwegen. Wusstet ihr eigentlich, dass Nordeuropa aus vielen ganz unterschiedlichen Landschaften besteht? Nein? Na, dann werde ich euch etwas darüber erzählen.

*Ich fange am besten im Westen Skandinaviens an. Hier ist die Küste zwischen dem Nordmeer und dem Festland stark zergliedert. Viele kleine Inselchen und blanke Felsen ragen aus dem Meer hervor. Diese Inseln heißen bei uns **Schären**. Zum Baden ist es hier im Sommer toll, aber die Schiffe müssen höllisch aufpassen, dass sie nicht auf eine Schäre auflaufen.*

*Landeinwärts ragt steil das Skandinavische Gebirge empor. Es kann bis zu 2500 m hoch werden. Die Seite zum Meer hin ist mit tiefen Tälern unterbrochen, in die das Meerwasser geflossen ist. Diese **Fjorde** können bis zu 200 km ins Land hineinragen und über 100 m tief sein. So etwas gibt es nur bei uns!*

*Vom Gebirgskamm nach Westen kommt man ins **Fjell**. Auf dieser leicht welligen Hochebene wachsen nur noch wenige Bäume. Überall sieht man Moose und Flechten. Die höchsten Gipfel dieses Gebirges sind mit Gletschern bedeckt. Im Winter liegt hier massig Schnee. Siedlungen gibt es hier nur wenige, aber das ist gut so, denn wir Trolle mögen es lieber einsam.*

*An das Fjell schließen sich nach Osten hin Seen und **Wälder** mit Kiefern, Tannen, Lärchen und Fichten an. Auch über dem Bottnischen Meerbusen an der Westküste Finnlands sieht es zunächst nicht anders aus. Doch schon bald wird Finnland seinem Namen gerecht: „Das Land der tausend Seen". Im Bereich der **Finnischen Seenplatte** gibt es über 60.000 Seen, die oft miteinander verbunden sind. Mit Zelt und Kanu kann man hier prima Ausflüge machen. Es gibt allerdings Millionen von Mücken in Finnland. Vielleicht besucht ihr mich ja einmal!?*

Bis bald in Skandinavien

Euer Troll

POST AUS DEM NORDEN – ARBEITSBLATT

▨ Schneide die sieben Ausschnitte der norwegischen Landschaft aus und klebe sie in der richtigen Reihenfolge von West nach Ost zusammen. Der Brief des Trolls hilft dir dabei. Beschrifte die Ziffern 1 bis 5 mit folgenden Begriffen aus dem Brief: Fjell, Fjord, Schären, Wälder, Finnische Seenplatte.

▨ Male die Landschaft farbig an: Wasser – blau; Gebirge – braun, Waldgebiete – grün.

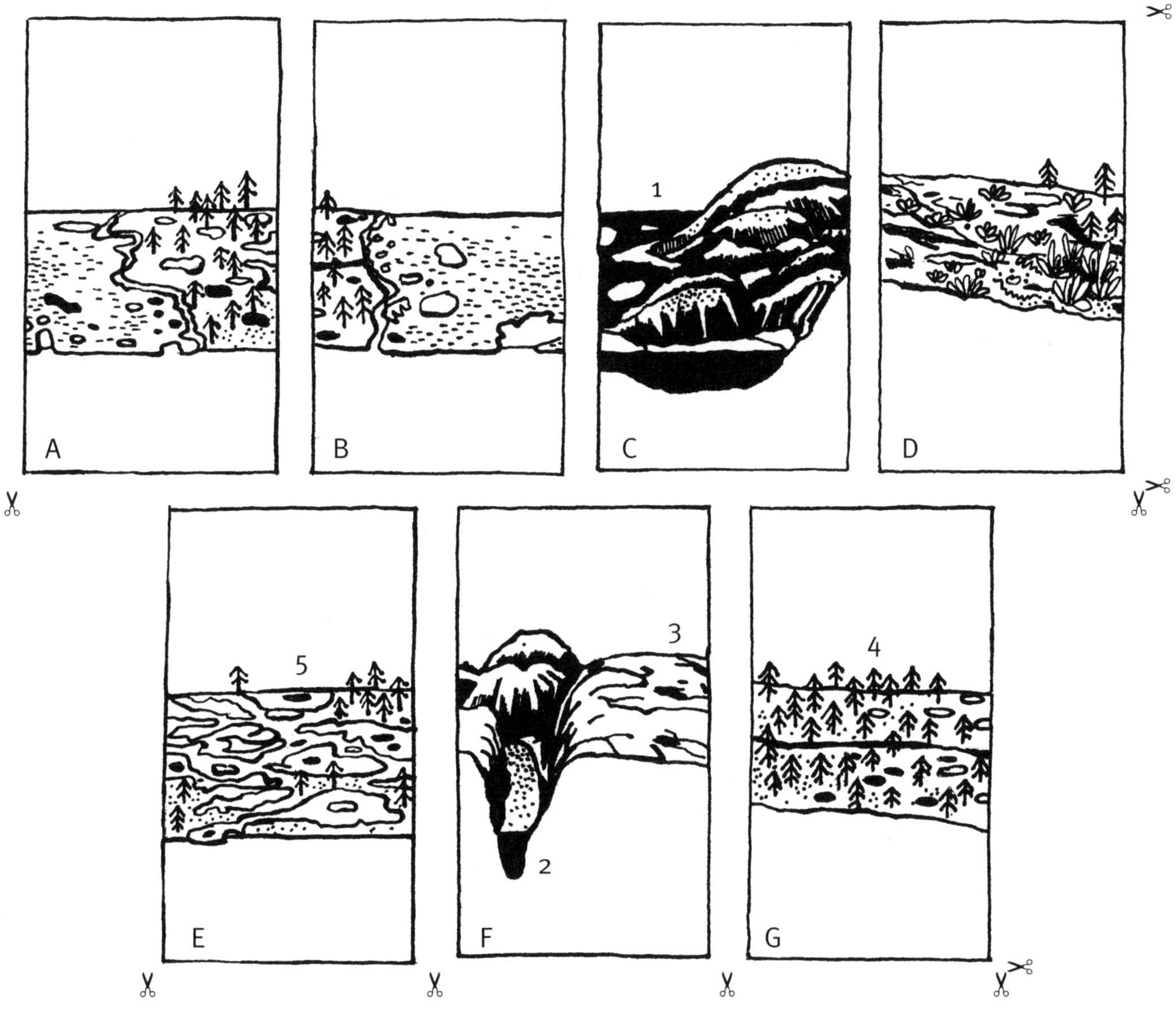

A

B

C
1

D

E
5

F
3
2

G
4

DIE KLIMAZONEN EUROPAS

> **!** Auf dem Kontinent Europa gibt es mehrere Klimazonen. In der **kalten Zone** sind die Winter sehr lang und kalt. Selbst im Sommer liegt die Durchschnittstemperatur des wärmsten Monats meist unter 10 Grad.
>
> **●** In der **kalt gemäßigten Zone** liegt die Durchschnittstemperatur des wärmsten Monats dagegen meist über 10 Grad. Die Winter sind immer noch recht kalt, aber die Durchschnittstemperatur des kältesten Monats erreicht selten die −10 Grad.
>
> In der **kühl gemäßigten Zone** sind die Winter eher milde. Die Sommer sind feucht und kennen keine extreme Hitze. Es fällt das ganze Jahr über relativ viel Niederschlag.
>
> Fast in ganz Südeuropa herrscht **Mittelmeerklima**: Die Temperaturen sind insgesamt etwas höher als in der kühl gemäßigten Zone, besonders die Sommer sind heißer. Im Sommer herrscht außerdem Trockenheit mit sehr wenigen Niederschlägen.

■ Male die Klimazonen Europas so an: kalte Zone – dunkelblau; kalt gemäßigte Zone – dunkelgrün; kühl gemäßigte Zone – hellgrün; Mittelmeerklima – orange

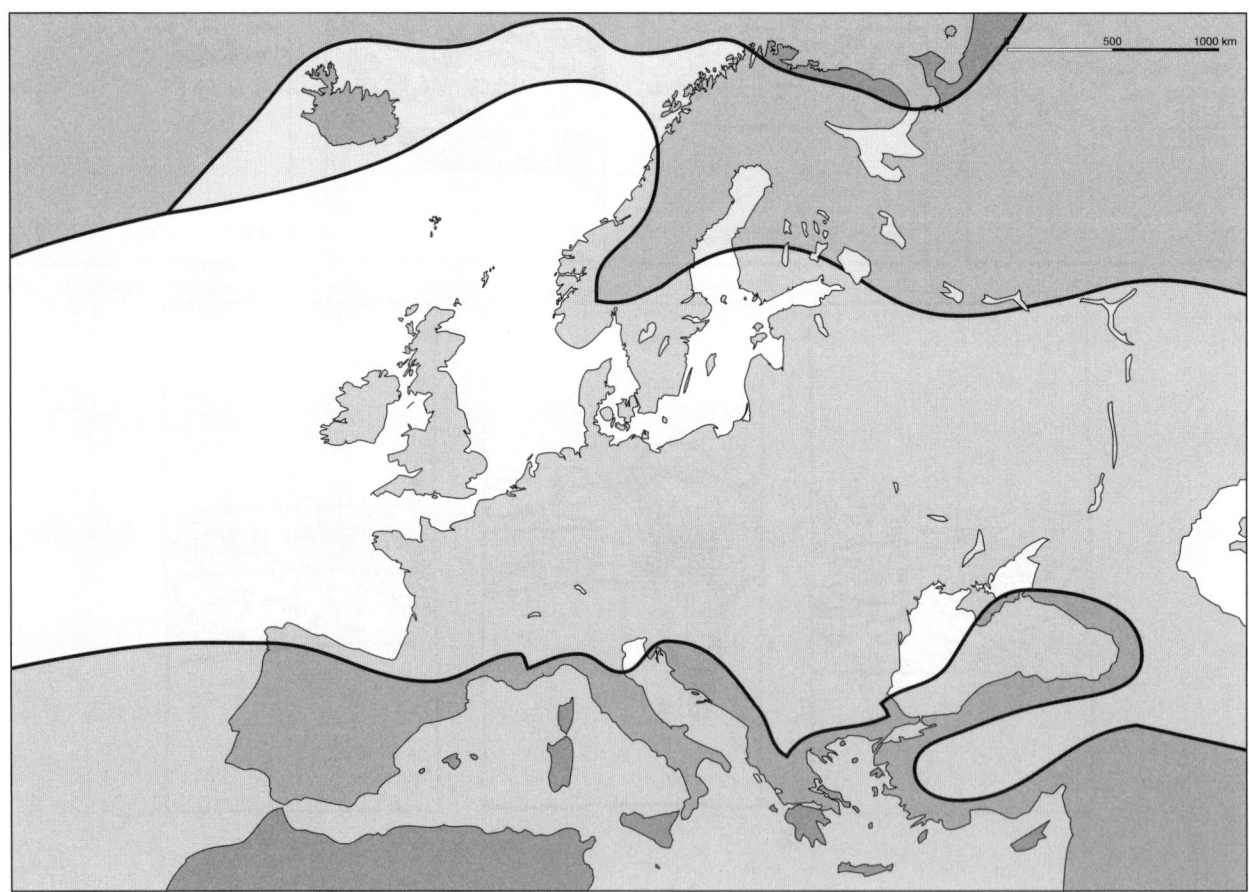

HEISS – KALT – TROCKEN: EUROPAS KLIMA UNTER DER LUPE

> **!** Wenn man regelmäßig die Temperatur und die Niederschläge an einem Ort misst, kann man die Durchschnittstemperatur und die durchschnittliche Niederschlagsmenge für einen bestimmten Zeitraum (z. B. einen Monat oder ein Jahr) berechnen.
> Trägt man die Werte für jeden Monat in ein Schaubild ein, erhält man ein **Klimadiagramm** für diesen Ort. Die Niederschlagsmenge wird mit blauen Säulen dargestellt, die Temperaturkurve mit einer roten Linie.

▦ Hier siehst du die Klimadiagramme von drei europäischen Städten.

Male zuerst die Niederschlagssäulen blau an. Zeichne dann die Temperaturlinie rot.

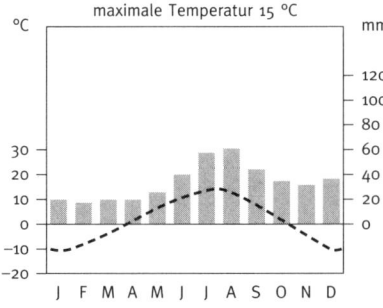
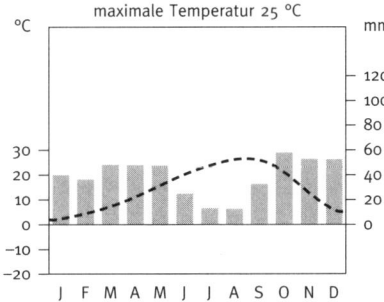
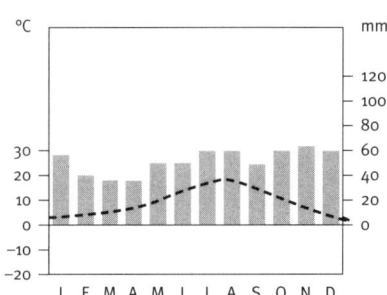

▦ Versuche jetzt, die Klimadiagramme den drei hier beschriebenen Städten zuzuordnen.

Schreibe die Namen der Städte zu den Diagrammen!

Madrid liegt im Mittelmeerklimabereich, dort ist es im Sommer heiß und trocken, im Winter ist es regnerisch mild.

In **London** liegt in der kühl gemäßigten Zone, hier sind die Sommer kühl und feucht, die Winter mild.

Murmansk liegt in der kalten Zone, die Winter sind dort sehr lang und sehr kalt, auch im Sommer erreicht das Thermometer selten mehr als 10 Grad.

HEISS – KALT – TROCKEN: EUROPAS KLIMA UNTER DER LUPE

■ Versuche nun, das Klimadiagramm von Moskau selbst zu zeichnen.

Hier findest du alle nötigen Angaben dazu:

Moskau (Russland)

Monate		J	F	M	A	M	J	J	A	S	O	N	D
Ø Temperatur	°C	−10	−8	−4	4	13	16	19	17	11	4	−2	−7	4
Ø Niederschlag	mm	28	23	31	38	48	51	71	74	56	36	41	38	535

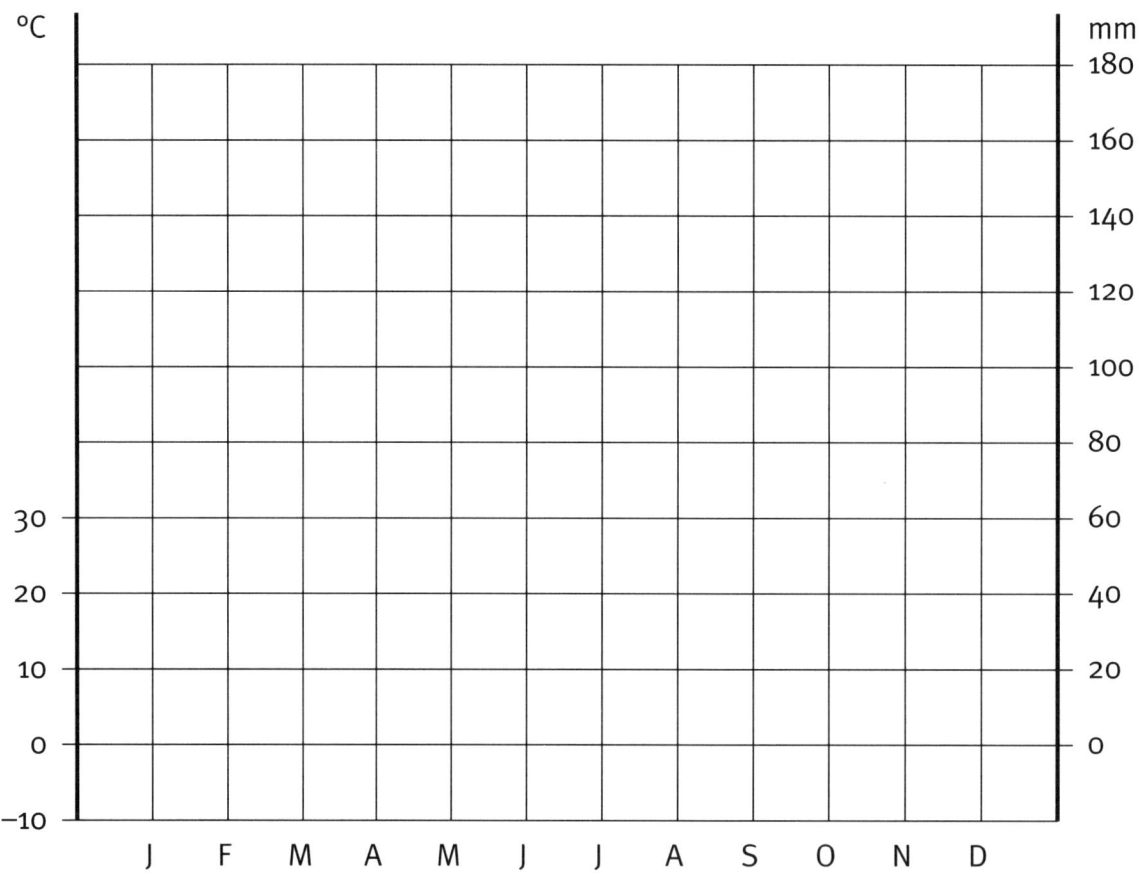

STECKNADELDIAGRAMM

■ Suche dir einen Partner. Wählt gemeinsam eines der Kärtchen aus. Darauf stehen die Klimadaten dreier europäischer Orte aus einem europäischen Großraum. Entscheidet euch für einen der drei Orte.

■ Jetzt braucht ihr einen blauen Tonpapierbogen, Stecknadeln, rote Wolle, eine Styropor- oder Korkunterlage und ein Arbeitsblatt.

■ Schneidet jetzt für jeden Monat die Niederschlagssäule aus blauem Tonpapier aus. Dabei gilt: 1 cm entspricht 10 mm Niederschlag. 54 mm Niederschlag entsprechen also einem 5,4 cm langen Papierstreifen.

■ Klebt alle zwölf Streifen sauber zu dem richtigen Monat.

■ Nehmt nun zwölf Stecknadeln und steckt die Temperaturwerte für jeden Monat richtig ab. Spannt dann die Wolle von Nadel zu Nadel, so dass eine Kurve entsteht.
Schreibt ein Schildchen mit dem Namen eures Ortes für das Klimadiagramm und gebt beides eurem Lehrer.

STECKNADELDIAGRAMM – KLIMATABELLE

„°C" gibt die Durchschnittstemperatur an.

„mm" gibt die durchschnittliche Niederschlagsmenge an.

Nordeuropa		J	F	M	A	M	J	J	A	S	O	N	D	Jahr
Helsinki	°C	−6,1	−6,6	−3,4	2,6	8,8	14	17,2	16	11,1	5,4	1	−2,6	4,8
(Finnland)	mm	57	42	36	44	41	51	68	72	71	73	68	66	692
Reykjavik	°C	−0,3	0,3	1,5	3,6	6,8	9,8	11,4	10	8,6	5,3	2,2	0,5	5,1
(Island)	mm	89	64	62	56	42	42	50	56	67	94	78	79	779
Stensele	°C	−12,5	−11,4	−7	−0,7	5,4	10,7	14	12	7,1	1	−4,5	−8,6	0,5
(Schweden)	mm	30	23	21	25	33	57	80	67	47	37	38	36	494

Westeuropa		J	F	M	A	M	J	J	A	S	O	N	D	Jahr
Dublin	°C	4,5	4,8	6,5	8,4	10,5	13,5	15	14,8	13,1	10,5	7,2	5,2	9,6
(Irland)	mm	71	52	51	43	62	55	66	80	77	68	67	77	769
Grenoble	°C	1,5	3,2	7,7	10,7	14,5	17,8	20,1	19,5	16,7	11,5	6,5	2,3	11
(Frankreich)	mm	80	75	80	85	80	90	70	95	100	95	95	80	985
Nancy	°C	1	1,9	5,8	9,3	13,2	16,4	18,2	17,9	15,1	10	5,5	2,0	9,7
(Frankreich)	mm	67	55	41	49	54	77	60	67	65	55	61	61	712

Mitteleuropa		J	F	M	A	M	J	J	A	S	O	N	D	Jahr
Krakau	°C	−2,9	−1,4	2,6	8,6	14,1	17,5	19,3	18,4	14,4	8,8	3,8	-0,2	8,6
(Polen)	mm	34	34	35	42	57	86	95	83	56	46	42	34	645
Münster	°C	1,2	1,6	4,8	8,6	12,8	15,8	17,4	17,1	14,2	9,7	5,7	2,6	9,3
(Deutschland)	mm	66	56	42	50	50	60	87	76	58	57	60	56	718
Zugspitze	°C	−11,6	−11,6	−9,5	−6,9	−2,5	0,5	2,5	2,4	0,6	−3,2	−7	−10	−4,7
(Deutschland)	mm	175	160	146	169	169	191	209	179	142	134	134	138	1946

Südeuropa		J	F	M	A	M	J	J	A	S	O	N	D	Jahr
Madrid	°C	4,9	6,5	10	13	15,7	20,6	24,2	23,6	19,8	14	8,9	5,6	13,9
(Spanien)	mm	38	34	45	44	44	27	12	14	32	53	47	48	436
Bari	°C	8,7	9,5	11,1	14,2	18,1	22,2	24,9	24,5	21,3	17,8	14,1	10,8	16,5
(Italien)	mm	68	57	57	42	39	29	25	24	46	73	79	70	609
Samos	°C	10,9	11,4	12,7	16,3	20,1	24	26,5	26,5	23,6	19,9	16,3	13,2	18,5
(Griechenland)	mm	207	118	109	43	40	4	0,5	0,5	7	62	129	187	906

Osteuropa		J	F	M	A	M	J	J	A	S	O	N	D	Jahr
Moskau	°C	−9,9	−9,5	−4,2	4,7	11,9	16,8	19	17,1	11,2	4,5	−1,9	−6,8	4,4
(Russland)	mm	31	28	33	35	52	67	74	74	58	51	36	36	575
Charkow	°C	−7,4	−7	−1,6	7,1	15	18,1	20,3	18,9	13,5	7,2	0,4	−5,2	6,6
(Ukraine)	mm	36	33	32	33	50	60	75	48	34	42	39	37	519
Syktywkar	°C	−15,2	−13,8	−7,8	1,1	7,7	13,8	16,6	13,8	7,8	0,3	−7,2	−13,6	0,3
(Russland)	mm	24	19	23	30	48	55	68	57	60	49	30	29	492

Südosteuropa		J	F	M	A	M	J	J	A	S	O	N	D	Jahr
Warna	°C	1,2	2,4	5	10	15,5	20,2	22,9	22,6	18,9	14	8,6	4,1	12,1
(Bulgarien)	mm	36	31	26	35	40	56	39	38	25	43	49	56	474
Skopje	°C	1,1	2,9	6,5	12,1	17	21,6	23,8	23,7	18,6	11,9	7,2	2,9	12,4
(Mazedonien)	mm	46	41	34	34	52	49	35	37	42	58	71	43	546
Sofia	°C	−1,7	0,6	4,6	10,6	15,5	19	21,3	20,7	17	11,1	5,5	0,7	10,4
(Bulgarien)	mm	42	31	37	55	71	90	60	43	42	55	52	44	622

STECKNADELDIAGRAMM – ARBEITSBLATT

Stecknadeldiagramm von: ....

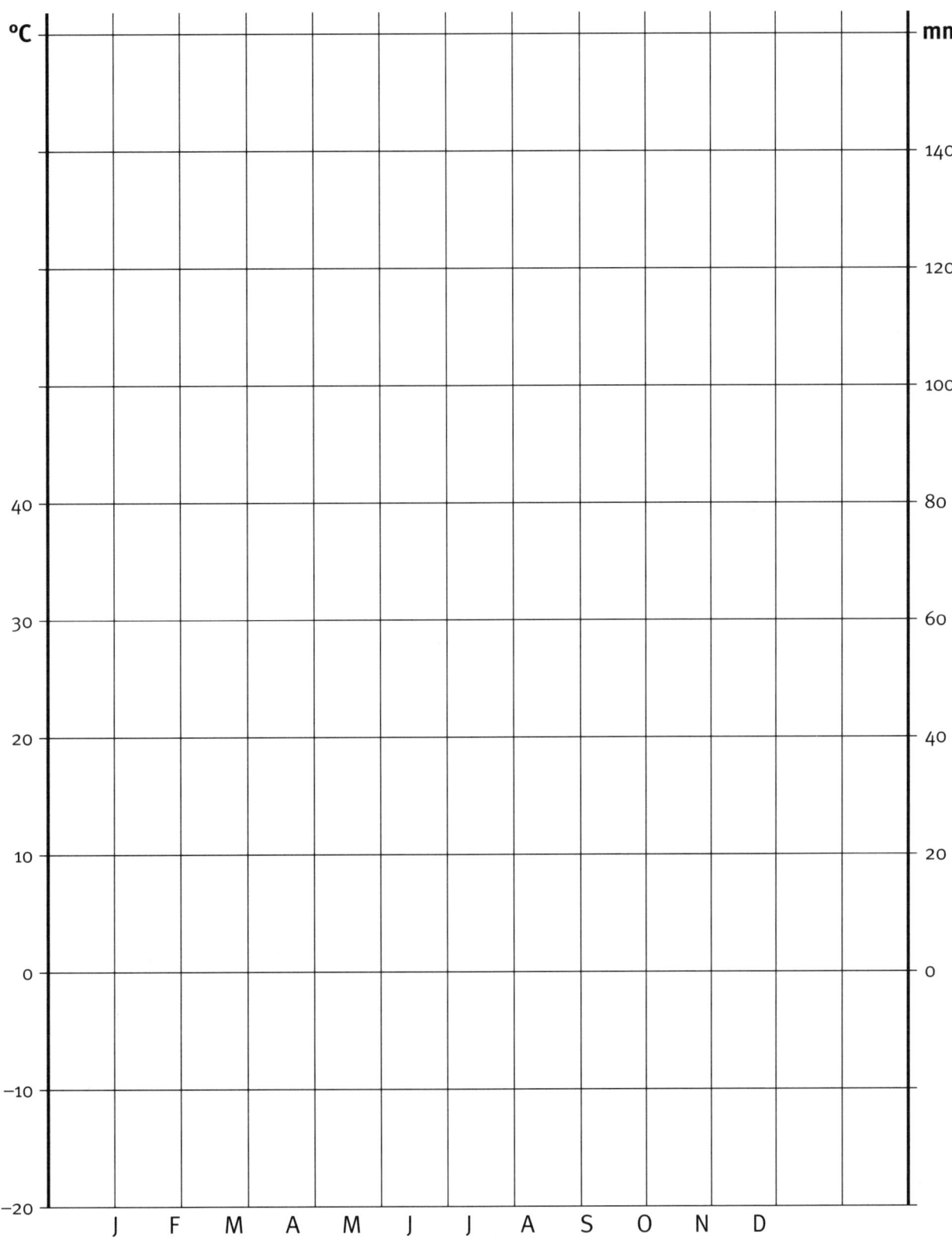

EUROPA IM SUPERMARKT 1

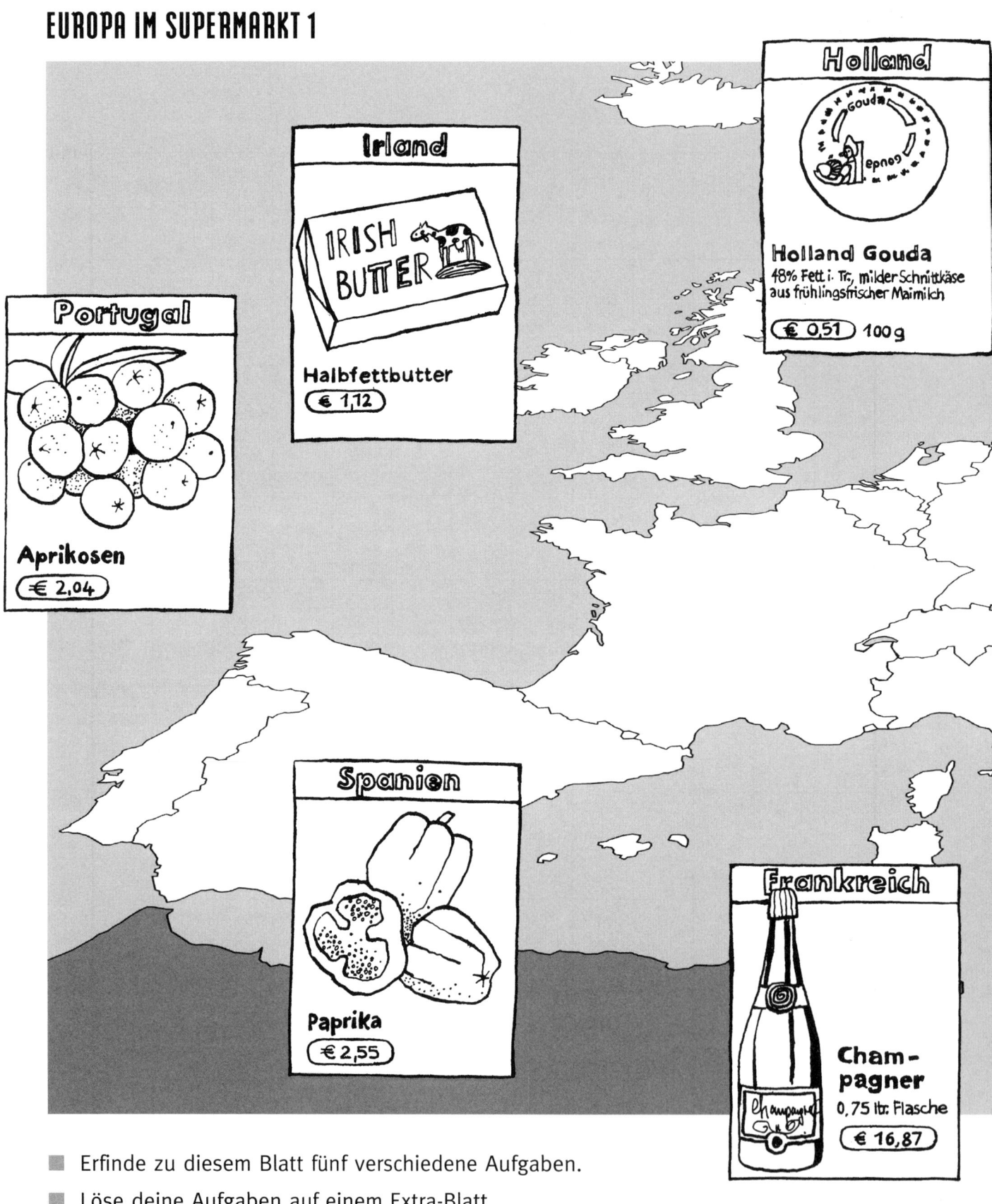

- Erfinde zu diesem Blatt fünf verschiedene Aufgaben.
- Löse deine Aufgaben auf einem Extra-Blatt.
- Lege dein Aufgaben- und dein Lösungsblatt dann zusammen in die Kiste.

EUROPA IM SUPERMARKT 2

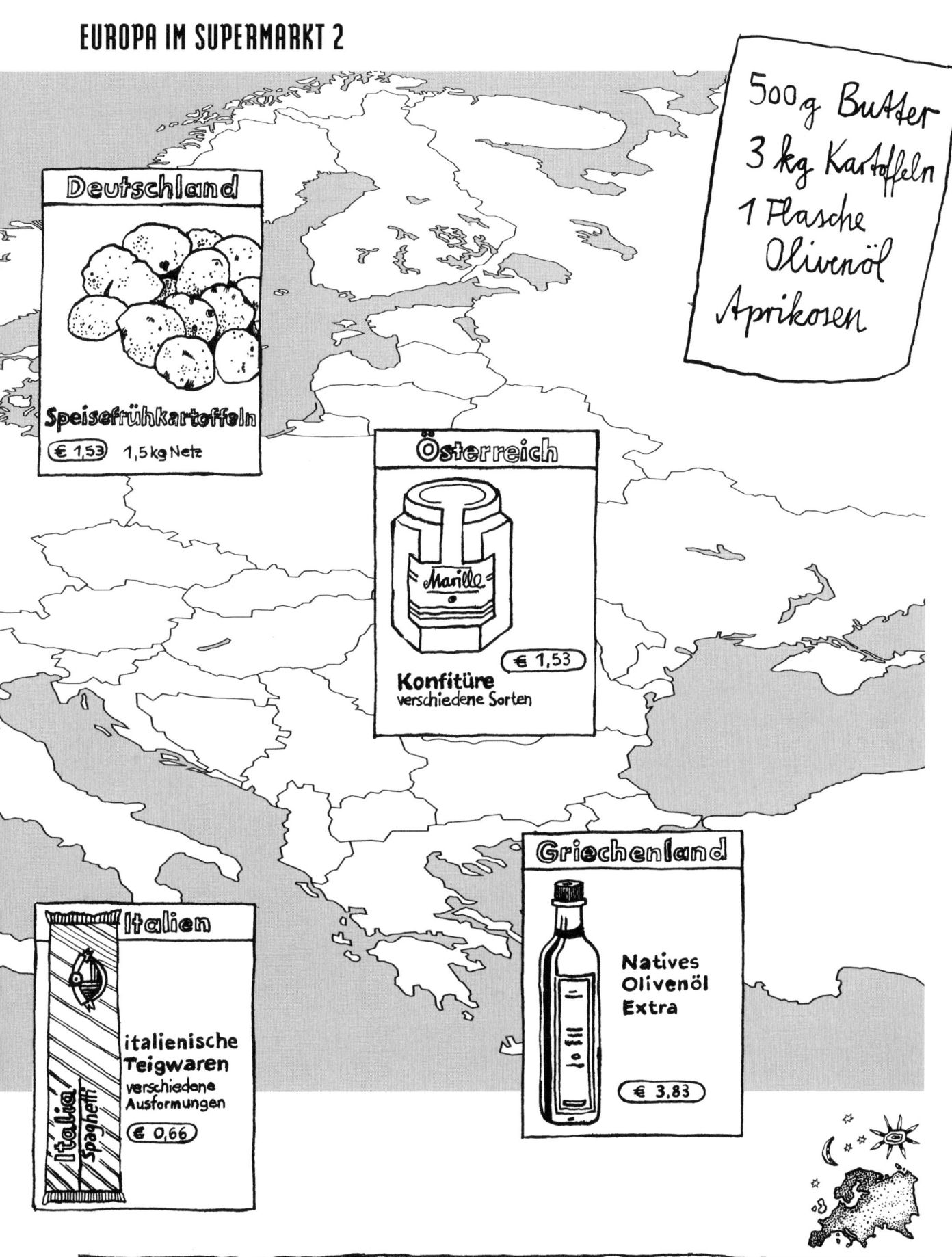

500 g Butter
3 kg Kartoffeln
1 Flasche
  Olivenöl
Aprikosen

Deutschland

Speisefrühkartoffeln
€ 1,53   1,5 kg Netz

Österreich

Marille

€ 1,53

Konfitüre
verschiedene Sorten

Italien

italienische
Teigwaren
verschiedene
Ausformungen
€ 0,66

Italia
Spaghetti

Griechenland

**Natives
Olivenöl
Extra**

€ 3,83

UNSER NEUES GELD – DER EURO

> **!** Europa wächst immer mehr zusammen. Seit dem 1. März 2002 ist der Euro das allein gültige gesetzliche Zahlungsmittel in zwölf europäischen Ländern. Diese haben seitdem eine gemeinsame Währung.

Material: Arbeitsblatt, Buntstifte, Atlas, Münzen aus anderen Ländern

Hier sind alle Länder mit einer €-Münze markiert, die den Euro als Währung haben.

▪ Finde heraus, wie diese Länder heißen, und schreibe den Namen zur €-Münze.

▪ Male alle €-Länder in der gleichen Farbe aus.

▪ Zusatzaufgabe: Wenn du Geldmünzen aus den europäischen Ländern hast, die den Euro nicht haben, kannst du sie hier abpausen. Verbinde die Münze mit dem Land, aus dem sie kommt, und schreibe den Namen des Landes dazu.

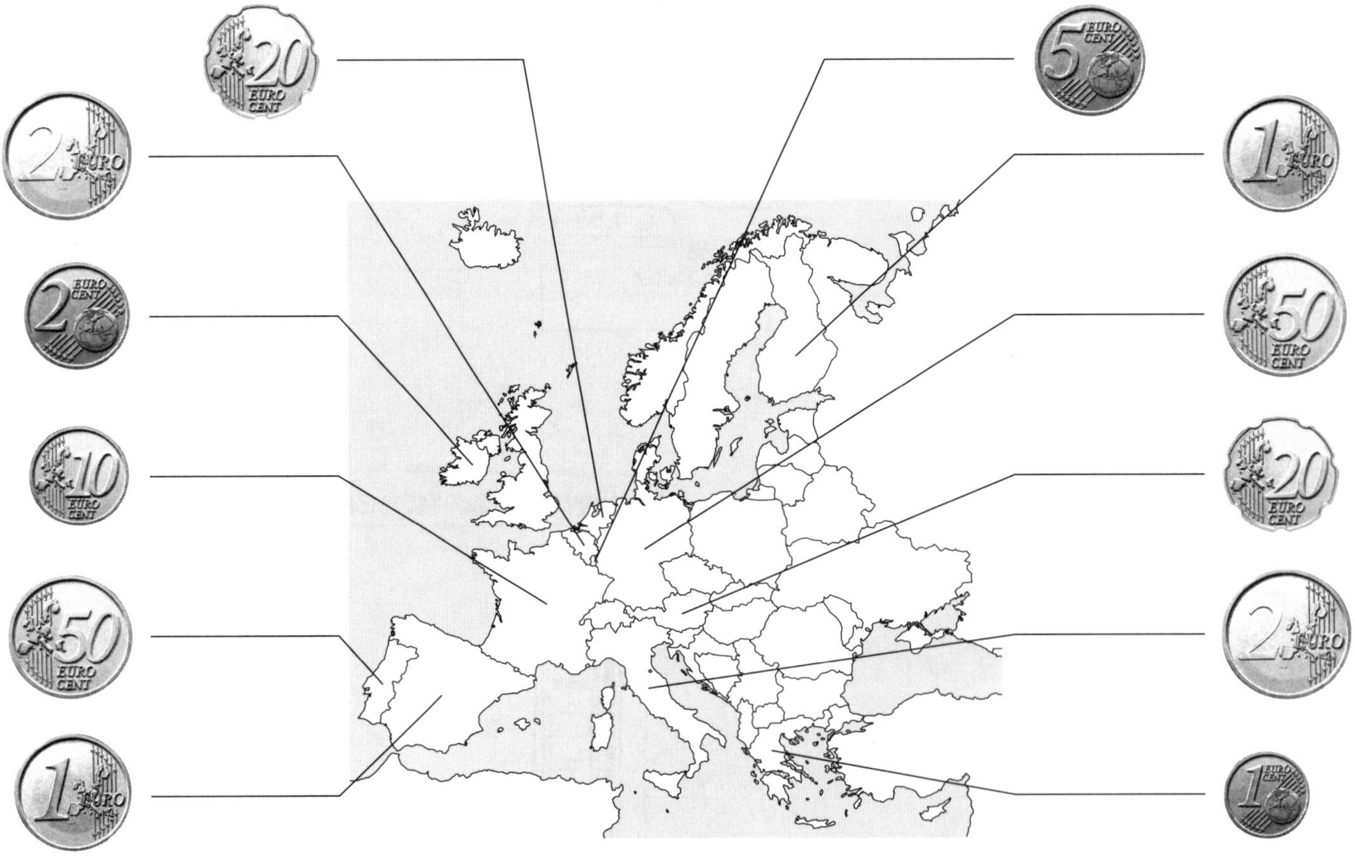

WAS WÄCHST IN EUROPA? – EIN KREISELSPIEL Spiel für 2–3 Personen

> **!** Nutzpflanzen werden für die Herstellung von bestimmten Produkten oder als Nahrung genutzt. Aufgrund
> des unterschiedlichen Klimas wachsen in den Großräumen Europas verschiedene Nutzpflanzen. So wachsen
> ● in Süd- und Südosteuropa viele Zitrusfrüchte, Oliven und Tabak, in Mittel-, West- und Osteuropa
> z.B. Getreide, Gemüse und Obst. In Nordeuropa gedeihen wegen des rauen Klimas weniger Nutzpflanzen.
> Man findet aber Zuckerrüben und in erster Linie Bäume z.B. zur Papier- und Möbelherstellung.

Spielanleitung

▨ Legt alle Länderkarten auf einen Stapel.

▨ Ein Mitspieler dreht die oberste Länderkarte um, dann dreht er die Kreisscheibe. Gibt
es die Nutzpflanze, auf die die Kreisscheibe gefallen ist, in dem aufgedeckten Land?
Schaut auf der Karte nach.

▨ Wenn ja, darf der Mitspieler den Namen des Landes in die entsprechende Spalte der
Tabelle schreiben. Die Länderkarte kommt in den Stapel zurück. Dann ist der nächste
Spieler an der Reihe.

▨ Wenn nicht, kommt die Karte unter den Stapel zurück und der nächste Spieler ist dran.

▨ Gewonnen hat, wer als Erster in jeder Spalte zwei (oder mehrere) Länder stehen hat.

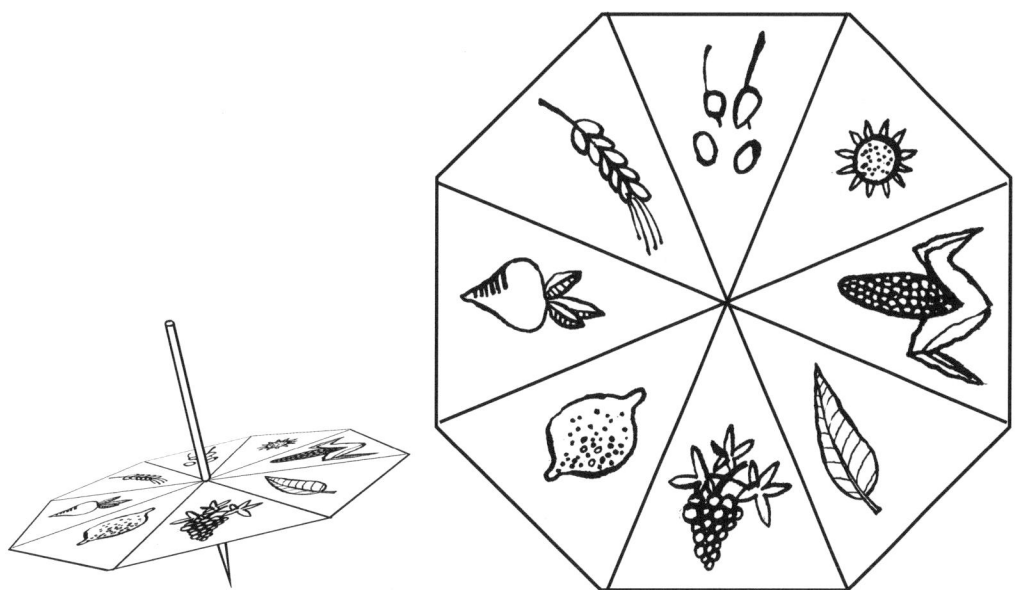

WAS WÄCHST IN EUROPA? – EIN KREISELSPIEL – LÄNDERKARTEN UND TABELLE

TÜRKEI	POLEN	UKRAINE	BELGIEN
MOLDAU	RUMÄNIEN	RUSSLAND	BULGARIEN
ENGLAND	DEUTSCHLAND	SPANIEN	MAZEDONIEN
FRANKREICH	GRIECHENLAND	ÖSTERREICH	ITALIEN
	PORTUGAL	UNGARN	

NUTZPFLANZEN IN EUROPA

WEIZEN	ZUCKERRÜBEN	MAIS	REIS
SONNENBLUMEN	TABAK	WEIN	ZITRUSFRÜCHTE

AUF EINER SPANISCHEN HUERTA

! Huertas (zu deutsch „Gärten") sind riesige, intensiv genutzte Landflächen, auf denen Obst und Gemüse angebaut wird. Dort werden hauptsächlich Orangen, Melonen, Tomaten, Bohnen und Zwiebeln angebaut. Damit die Pflanzen im heißen und trockenen Klima Spaniens wachsen können, müssen sie bewässert werden. Es gibt verschiedene Methoden: Die traditionelle Bewässerungsform nutzt Kanäle **(Kanalbewässerung)**. Die Wassermenge wird durch Schieber in den Kanälen reguliert. Dabei verdunstet oder versickert aber zu viel Wasser. Besser ist die Bewässerung mit Schläuchen, da das Wasser den Weg zur Pflanze im Schutze des Schlauchs zurücklegt **(Schlauchbewässerung)**. Bei einer neueren und noch sparsameren Bewässerungstechnik werden dünne Kunststoffleitungen direkt bis an jede einzelne Pflanze verlegt und dort geben sie tröpfchenweise genau die benötigte Wassermenge ab **(Tropfenbewässerung)**.

Bastelanleitung für eine Huerta

■ Auf die Platte sollen mindestens drei Felder, das Haus, die Zufahrtstraße und der Hauptwasserkanal. Schneidet die Vorlagen für das Haus und die Pflanzen aus und malt sie an. Die Pflanzen halten besonders gut, wenn ihr jeweils zwei Vorlagen mit der Rückseite aneinander klebt.

■ Malt die Platte mit Wasserfarben oder dicken Filzstiften an und klebt die Pflanzen und das Haus auf. Die Pflanzen sollen in Reihen stehen.

■ Spannt nun mit der blauen Wolle einen Hauptkanal und kleinere Kanäle zu einem Feld (Kanalbewässerung).

■ Fädelt einen blauen Wollfaden durch einen Trinkhalm für die Schlauchbewässerung. Bindet ein Fadenende am Hauptkanal an, führt das andere Ende in eins der Felder.

■ Für die Tropfenbewässerung bindet ihr an die Fäden des Hauptkanals einige schwarze, dünne Wollfäden. Legt die Fäden in einem Feld so aus, dass die Leitung direkt an jeder Pflanze vorbeiführt.

Material: 1 Platte (Styropor, Kork ...); blaue, eher dicke Wolle; schwarze, eher dünne Wolle; Trinkhalme mit großem Durchmesser, Klebstoff, Filzstifte, Stecknadeln, Schere, Ausschneidevorlage

AUF EINER SPANISCHEN HUERTA – AUSSCHNEIDEVORLAGEN

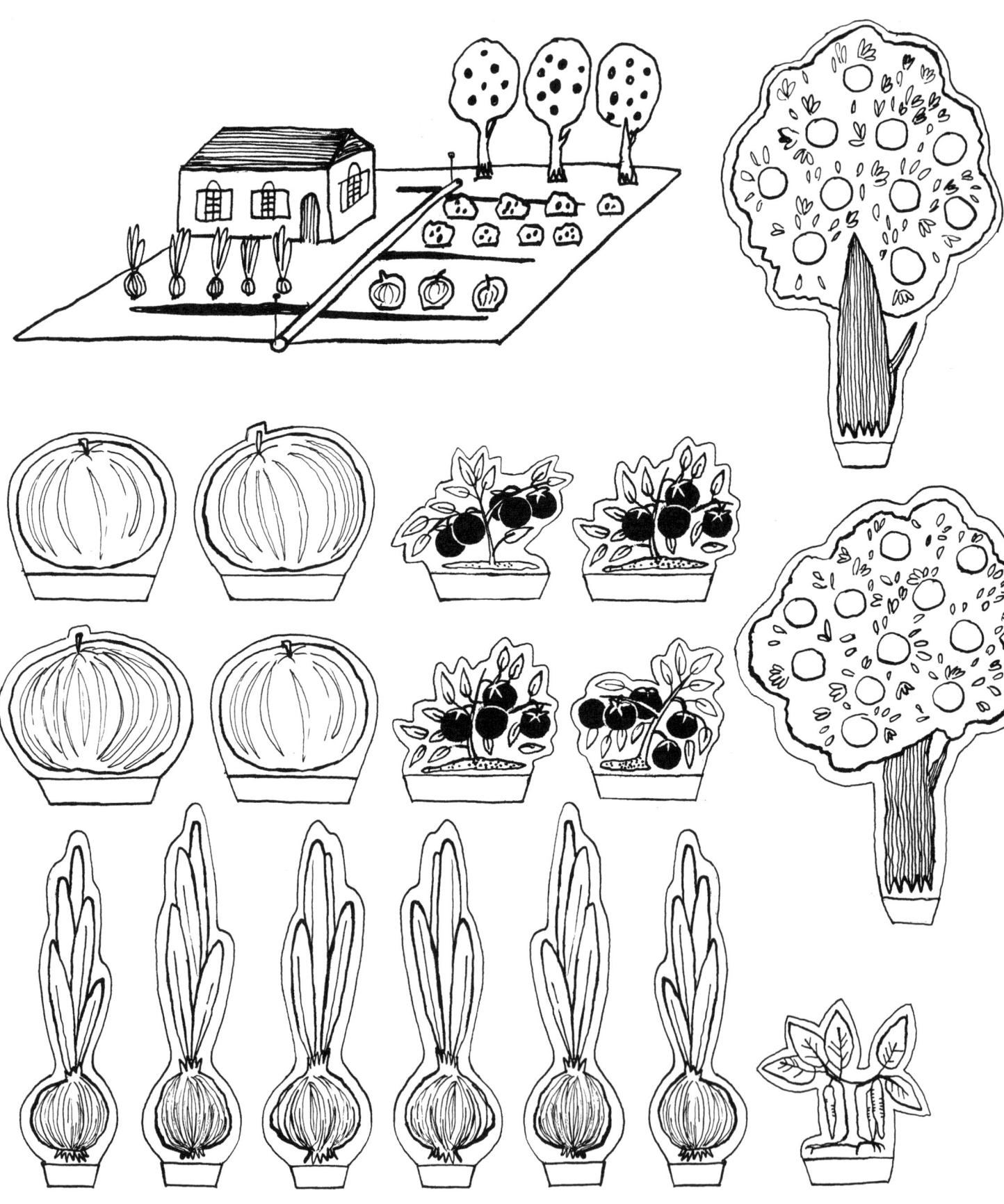

AUF EINER SPANISCHEN HUERTA – AUSSCHNEIDEVORLAGEN

ORANGEN AUS DEM SÜDEN

Bevor die saftigen Orangen aus den Mittelmeerländern bei uns in der Obstabteilung eines Supermarktes zum Verkauf angeboten werden können, müssen sie einen langen Weg zurücklegen.

- Sieh dir die Bildkarten genau an. Schneide sie aus und ordne sie in der richtigen Reihenfolge. Klebe sie anschließend an den linken Seitenrand untereinander in dein Heft.
- Lies dir dann den Text genau durch. Suche zu jedem Bild den passenden Satz und schreibe ihn neben das jeweilige Bild.

A Die Orangen werden gewaschen, sortiert und anschließend in Kisten verpackt.	**B** Noch einmal werden die Orangenkisten auf LKWs verladen und an den einzelnen Supermarkt oder Händler geliefert.
C Die Orangenkisten werden auf einen Lastwagen verladen, der sich dann auf die lange Fahrt nach Deutschland macht.	**D** Im Supermarkt oder beim Gemüsehändler angekommen, werden die Orangen ausgeladen und an der Obsttheke angeboten.
E Auf dem Großmarkt kaufen Gemüsehändler große Mengen Orangen ein.	**F** Die fast reifen Orangen werden geerntet, zum Beispiel in Spanien.
G In Deutschland werden die Orangen auf einem Großmarkt angeboten. Oft gehen auch große Ernten direkt an Supermarktketten.	

ORANGEN AUS DEM SÜDEN – BILDKARTEN

DIE OLIVE, DIE WICHTIGSTE KULTURPFLANZE SÜDEUROPAS

! Natürlich vorkommende Pflanzen, die der Mensch gezielt z. B. durch Kreuzung verändert und anbaut, nennt man Kulturpflanzen. Der Olivenbaum ist die wichtigste Kulturpflanze des Mittelmeerraumes. Er wird auch Ölbaum genannt, denn aus seinen Früchten, den Oliven, wird vor allem Öl gewonnen. Manche Olivenbäume werden bis zu 1000 Jahre alt, d.h. die Menschen können über viele Generationen von einem Baum ernten. Deshalb nennt man eine Kulturpflanze wie den Olivenbaum auch eine Dauerkultur.

Die Ernte: Die Olivenbauern legen schon vor den ersten Regenfällen im Herbst unter dem Ölbaum *Netze* aus. Die Oliven werden entweder *mit Stöcken* vom Olivenbaum geschlagen oder *von Hand gepflückt*. In diesen Netzen werden alle Oliven gesammelt und zu den Ölpressen gebracht.

Die Verarbeitung: Es gibt *grüne Oliven* und *schwarze Oliven*. Nur die schwarzen wurden richtig reif geerntet. Deshalb kann man aus grünen Oliven auch noch kein Öl machen. Sie werden eingelegt zu *Speiseoliven*. Die schwarzen Oliven können als *Speiseoliven* eingelegt oder aber zu *Speiseöl* gepresst werden.

▨ Trage die richtigen Wörter in die Kästen ein.

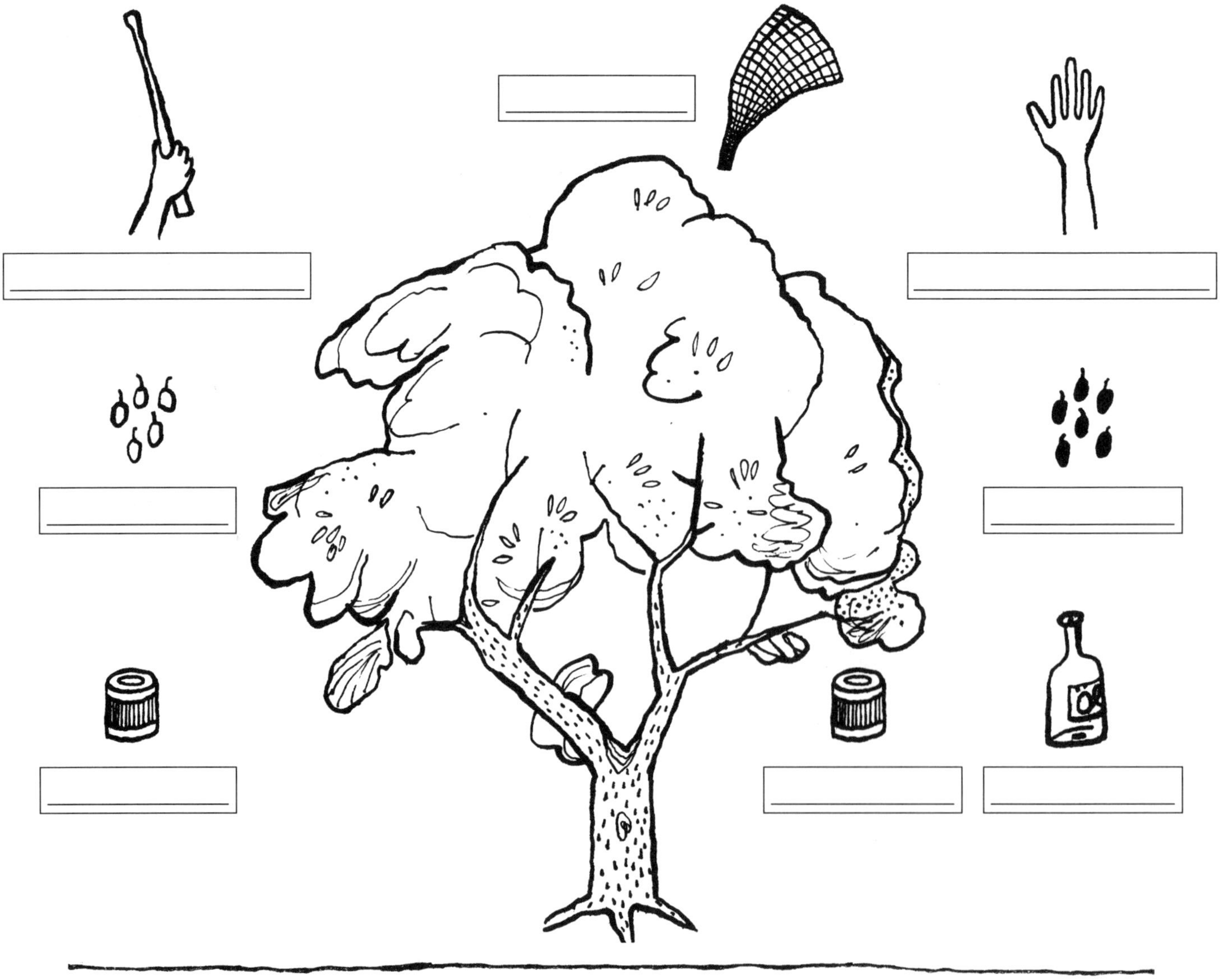

MIT KAPITÄN KNUT AUF REISEN · Würfelspiel für 2–4 Spieler

Material: Würfel, 4 Spielfiguren, Spielplan, Ereigniskarten, Atlaskarte „Nordeuropa"

Spielanleitung

▨ Ihr wollt mit Kapitän Knut und seinem Postschiff auf große Fahrt gehen. Stellt die Spielfiguren auf das Startfeld und legt die Ereigniskarten verdeckt auf einen Stapel in den Kasten. Damit ein Spieler überhaupt an Bord des Schiffes darf, muss er zuerst eine 6 würfeln. Dann geht's los.

▨ Bei einer 6 darf noch einmal gewürfelt werden.

▨ Kommt ein Spieler auf ein schwarzes Feld, muss er eine Ereigniskarte ziehen. Ein Mitspieler liest die Karte vor. Kann der Spieler die Frage richtig beantworten, darf er noch einmal würfeln. Die Ereigniskarten können mit Hilfe einer Karte oder des Atlasses beantwortet werden. Wird die Frage nicht richtig beantwortet, ist der nächste Spieler an der Reihe.

▨ Kommt ein Spieler auf ein Feld mit einen Punkt, muss er eine Runde aussetzen.

▨ Kommt ein Spieler auf ein Feld mit einem Kreuz, so muss er auf das letzte schwarze Ereignisfeld zurück und eine Karte ziehen.

▨ Gewonnen hat, wer als Erster im Ziel ankommt.

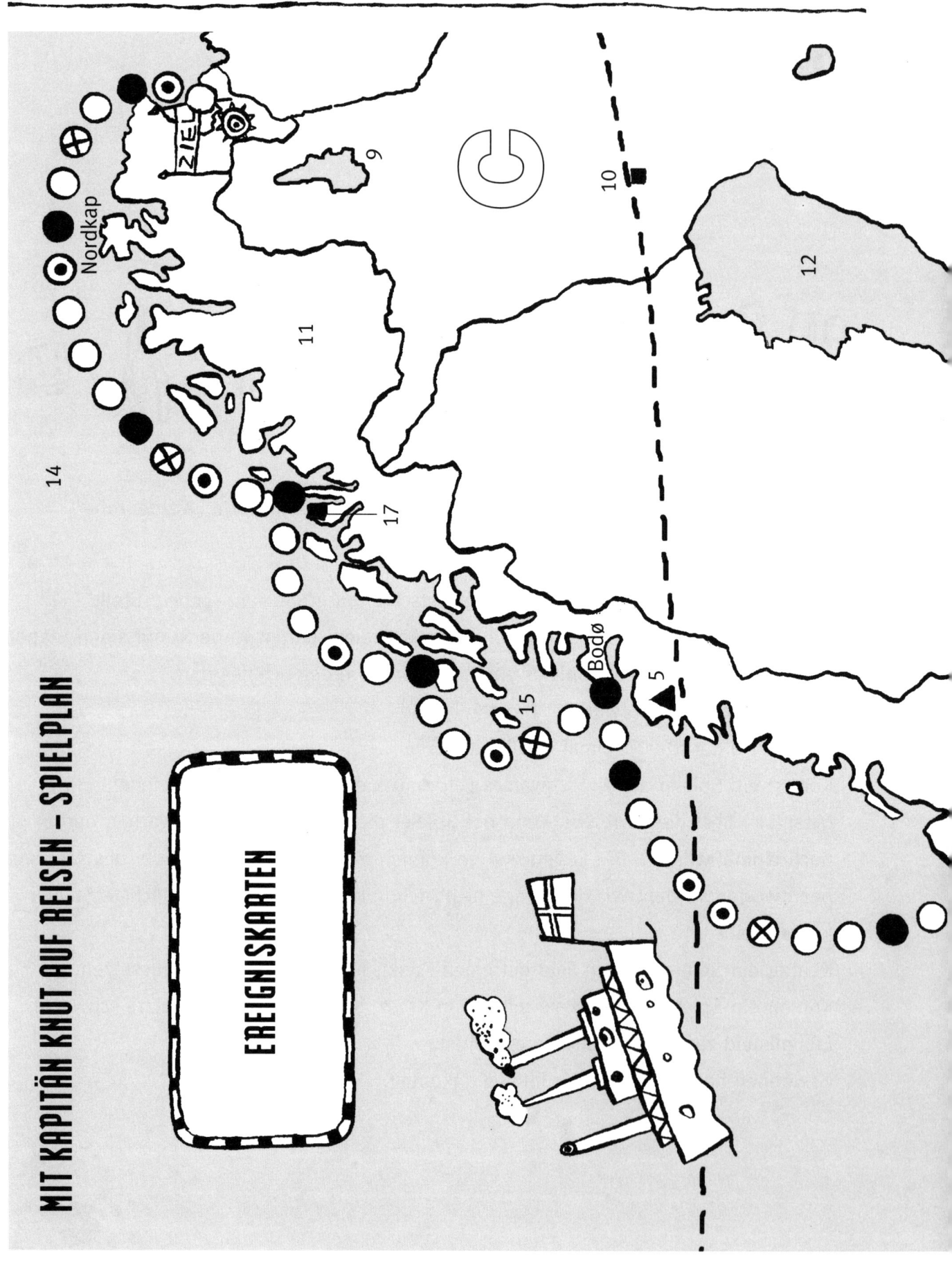

MIT KAPITÄN KNUT AUF REISEN – SPIELPLAN

EREIGNISKARTEN

ZIEL

Nordkap

Bodø

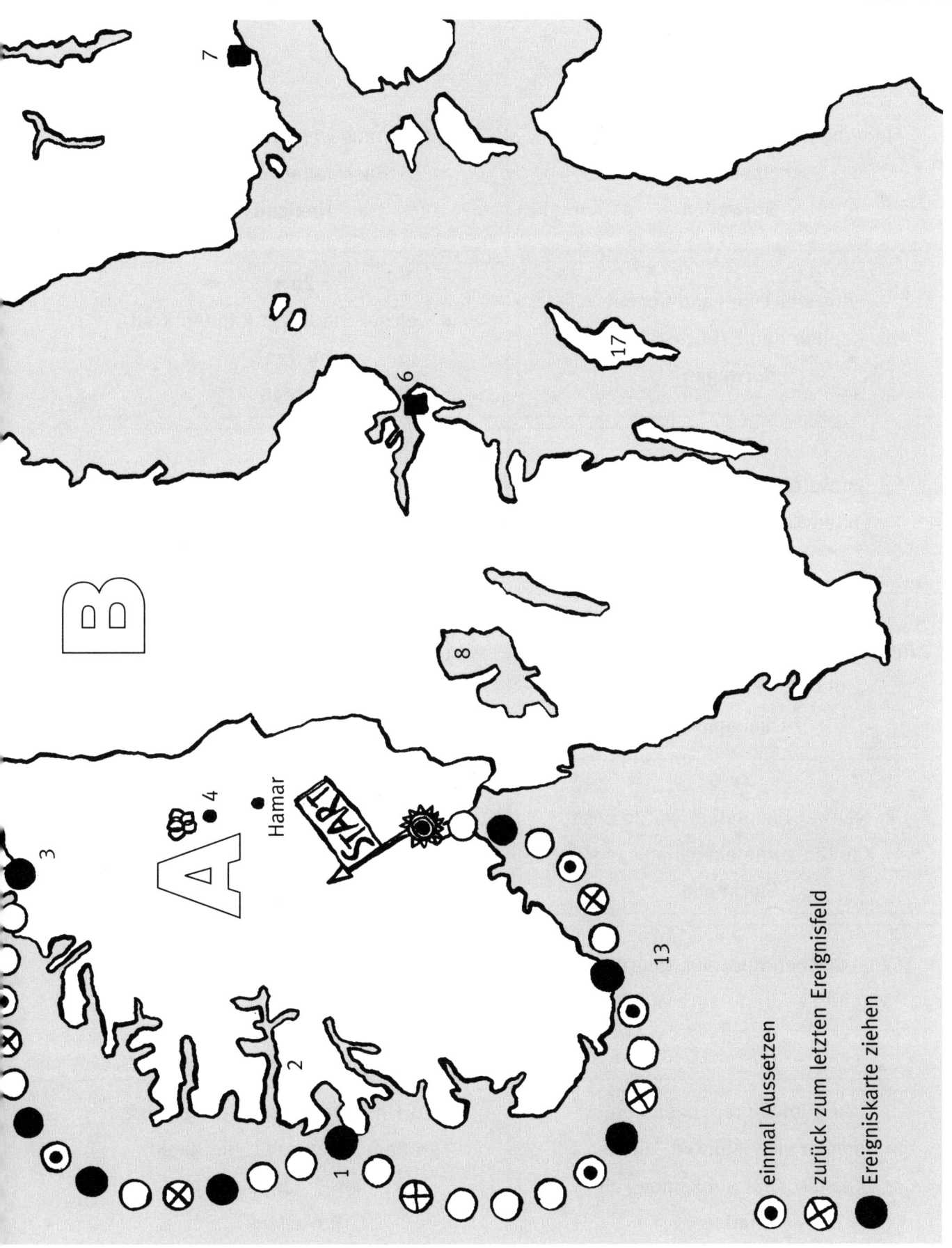

MIT KAPITÄN KNUT AUF REISEN

Finde heraus, wie das Land mit dem Buchstaben B heißt. **Schweden**	Finde heraus wie das Land mit dem Buchstaben C heißt. **Finnland**
Aus welchem Land kommt Kapitän Knut? (Buchstabe A) **Norwegen**	**Zu 1** In welcher Stadt legt Kapitän Knut hier an? **Bergen**
Zu 2 An welchem Meeresarm geht Kapitän Knut gerne zum Angeln? **Sognefjörd**	**Zu 3** Um richtig gut Fisch zu kaufen, seid ihr in dieser Stadt genau richtig. **Trondheim**
Zu 4 In dieser Stadt im Gudbrandsdal waren 1994 die Olympischen Winterspiele. **Lillehammer**	**Zu 5** Wie heißt der 1599 m hohe Gletscher kurz über dem Polarkreis? **Svartis**
Zu 6 In welcher Hauptstadt würde unser Kapitän gerne einmal anlegen? **Stockholm**	**Zu 7** Ganz weit weg von Kapitän Knuts Heimathafen liegt diese Hauptstadt. Wie heißt sie? **Helsinki**
Von welcher Stadt aus (Start) geht Kapitän Knut mit euch auf Reise? **Oslo**	**Zu 8** Wie heißt der See, an dem Kapitän Knut seine Ferien verbringt? **Vänersee**
Zu 9 Im Winter zugefroren, im Sommer viele Mücken. Hierher will Kapitän Knut auf keinen Fall. **Inarisee**	**Zu 10** Finde heraus, wie die einzige größere Stadt heißt, die direkt auf dem Polarkreis liegt. **Rovaniemi**

MIT KAPITÄN KNUT AUF REISEN

Zu 11 Kapitän Knuts Bruder ist Rentierzüchter. Wie heißt dieser nördlichste Teil Skandinaviens?
Finnmark

Zu 12
Finde heraus, wie diese Meerenge heißt.
Bottnischer Meerbusen

Zu 13 Der erste Teil eurer Reise führt euch in diesen Teil der Nordsee. Wie heißt er?
Skagerrak

Zu 14 Kurz vor dem Ende der Reise schippert ihr mit unserem Seebär in diesen Gewässern.
Europäisches Nordmeer

Zu 15
Auch auf dieser Inselgruppe legt ihr mit dem Postschiff an.
Lofoten/Vesterälen

Zu 16 Hier besichtigt ihr mit Kapitän Knut die berühmte Eismeer-Kathedrale. Wo steht sie?
Tromsö

Zu 17
Auf dieser Ferieninsel hält es auch ein Seebär längere Zeit aus.
Gotland

Das Nordkap ist der nördlichste Punkt Europas. Auf welcher Insel liegt es?
Mageröy

„Hey, hey, Wickie, hey, Wickie, hey..." Zu welchem früheren nordischen Volk gehörte dieser freche Rotschopf?
Wickinger

In welcher Stadt endet eure Reise mit Kapitän Knut?
Kirkenes

Im hohen Norden geht die Sonne im Sommer nicht unter. Ihr könnt trotz Sturm weiterfahren. *Noch einmal würfeln.*

Kapitän Knut hat Geburtstag. Er macht ein großes Fest. Zur Feier des Tages, darfst du *3 Felder vor.*

Nach langen Tagen und Nächten auf See seid ihr endlich wieder im Hafen. *Du musst einmal aussetzen.*

Ihr seid schon richtige Seebären geworden und packt kräftig mit an. Jetzt seid ihr erschöpft. *Einmal aussetzen.*

MIT KAPITÄN KNUT AUF REISEN

Ihr habt Glück gehabt und euren ersten Pottwal gesehen. Jetzt geht die Fahrt schnell voran. *Noch einmal würfeln.*	Ihr bekommt neue Passagiere an Bord und gebt nun so richtig Volldampf. *5 Felder vorrücken.*
Eine Wettfahrt mit einem anderen Postschiff ist klasse. Ihr habt gewonnen und gönnt euch einen Tag Pause. – *Einmal aussetzen*	Ihr macht einen Ausflug zu den Elchen. Kapitän Knut holt euch im nächsten Hafen wieder ab. *Du darfst 3 Felder vorrücken.*
Euer Schiff braucht einen neuen Anstrich. Ihr helft kräftig mit und seid daher 2 Tage früher fertig. *Du darfst 2 Felder vorrücken.*	Mal wieder habt ihr Verspätung – *eine Runde aussetzen*
Ihr habt einen starken Seegang und euch wird schlecht. Kapitän Knut muss euch versorgen. *Eine Runde aussetzen.*	Jetzt aber los. Ihr seid spät dran. *Noch einmal würfeln.*
Als echte Schiffsratte weiß Kapitän Knut natürlich nicht, wie der westliche Gebirgskamm Skandinaviens heißt. *Finde es heraus.* **Fjell**	Suche den Ort „Karlstad" im Atlas. In welchem Land liegt er? **Schweden**
Abends liest Kapitän Knut „Pippi Langstrumpf" vor. Weißt du, aus welchem Land sie kommt? **Schweden**	Von Kristiansand (Norwegen) aus starten Fähren in welches andere nordeuropäische Land? **Dänemark**
Heißen die Meeresarme, die weit ins Landinnere hineinragen, Fjell oder Fjord? **Fjord**	Kapitän Knut erzählt wilde Geschichten über Kobolde aus dem Norden. Wie heißen sie a) Gnome c) Eismännchen **b) Trolle**

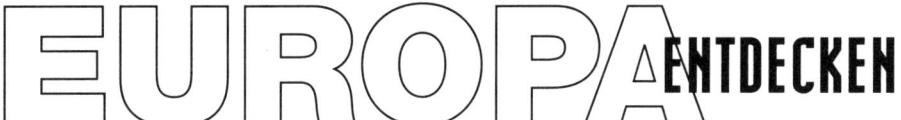

AUTOMARKEN IN EUROPA

- Setze die Tortenstücke in der richtigen Reihenfolge zu einem Kreis zusammen.
- Fange mit einem beliebigen Kärtchen an.
  Oben im äußeren Ring steht ein Ländername.
- Suche jetzt das Kärtchen, auf dem die zu dem Land passende Automarke (im inneren Ring) abgebildet ist. Lege dieses Kärtchen rechts an dein erstes an.
- So baust du nun Karte für Karte im Uhrzeigersinn an.
- Wenn du alles richtig gelegt hast, entsteht in der Mitte die richtige Europakarte.

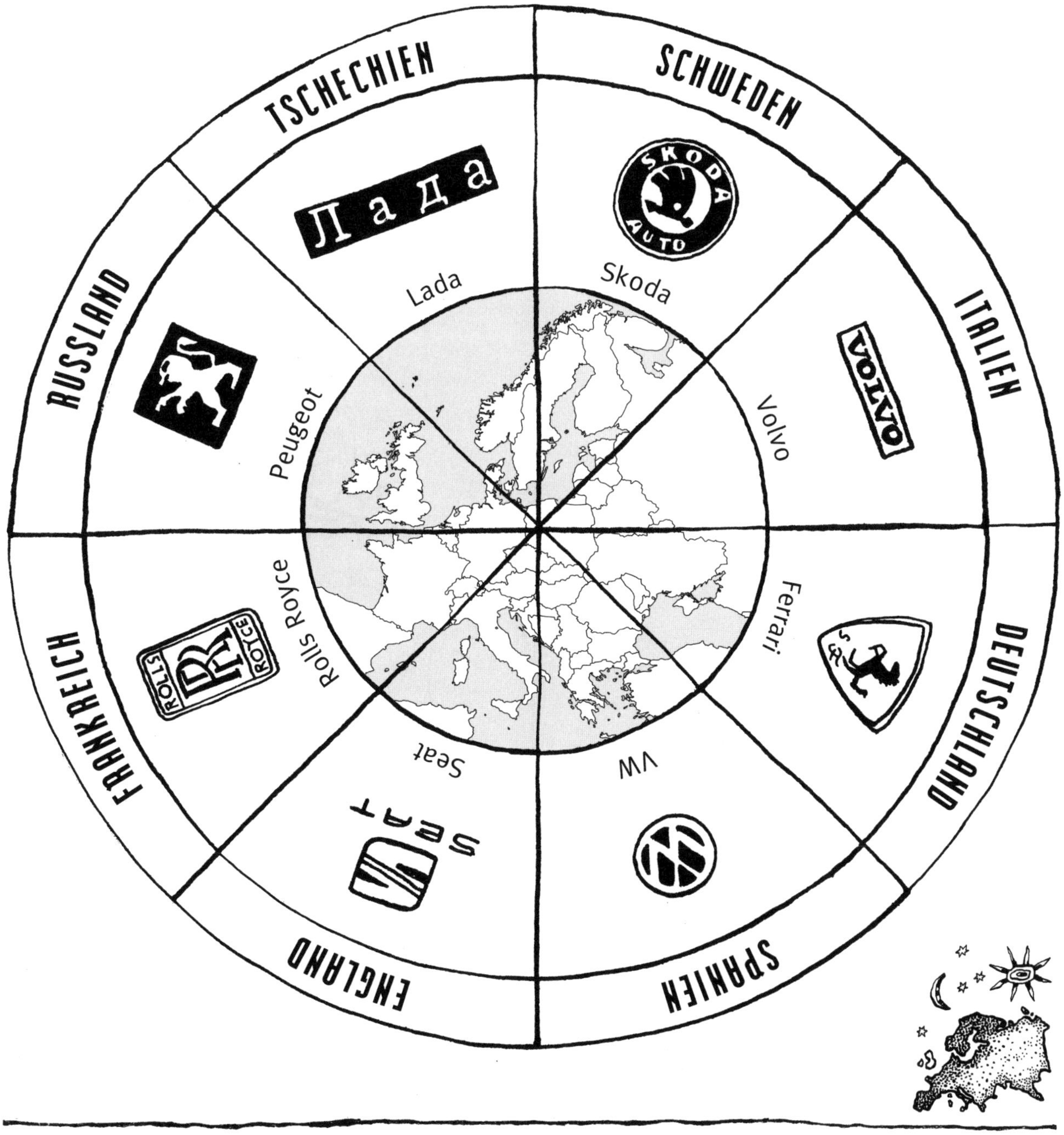
TSCHECHIEN
SCHWEDEN
ITALIEN
DEUTSCHLAND
SPANIEN
ENGLAND
FRANKREICH
RUSSLAND
Лада
Lada
SKODA AUTO
Skoda
VOLVO
Volvo
Ferrari
VW
SEAT
Seat
ROLLS ROYCE
Rolls Royce
Peugeot

EIN FREUNDSCHAFTLICHES FUSSBALLMATCH

Fußballer aus ganz Europa haben sich zu einem Freundschaftsspiel zusammengefunden.
Der Sportkanal des Radios berichtet darüber.

▨ Lies dir die Reportage des Spiels durch. Verfolge das Spiel, indem du die Schnur in
der richtigen Reihenfolge von einem Fussballer zum anderen wickelst (einmal vorne,
einmal hinten herum).

> „... Es ist ein spannendes Spiel. Der **Torwart aus Spanien** gibt das Leder an seinen **türkischen Teamkollegen**
> weiter, der spektakulär an den **Italiener** passt. Aber der **Spieler aus England** gewinnt den Zweikampf und
> flankt den Ball weit nach außen zum **polnischen Stürmer**. Der Pole köpft – und mal wieder hat der **deutsche
> Torwart** spitze reagiert.
> Sofort spielt er den Ball zu dem **kroatischen Libero**. Aber der **Franzose** geht dazwischen und passt sofort zum
> **Spieler aus Griechenland**. Dieser gibt sofort an den **Schweizer Mittelfeldspieler** weiter. Doch der Abwehrspieler
> aus den **Niederlanden** ist da und nimmt ihm geschickt den Ball ab. Aber mit dem **tschechischen Stürmer** hat
> niemand gerechnet. Er schießt und ... TOOOOOR!. Der **spanische Torwart** hatte bei diesem Schuss keine
> Chance!"

| Sparta Prag | Galatasaray Istanbul | FC Chelsea | Croatia Zagreb | Olympique Marseille |

Real Madrid

Young Boys Bern

1:0

Bayern München

| Olympiakos Piräus | Ajax Amsterdam | AC Mailand | Dynamo Kiew |